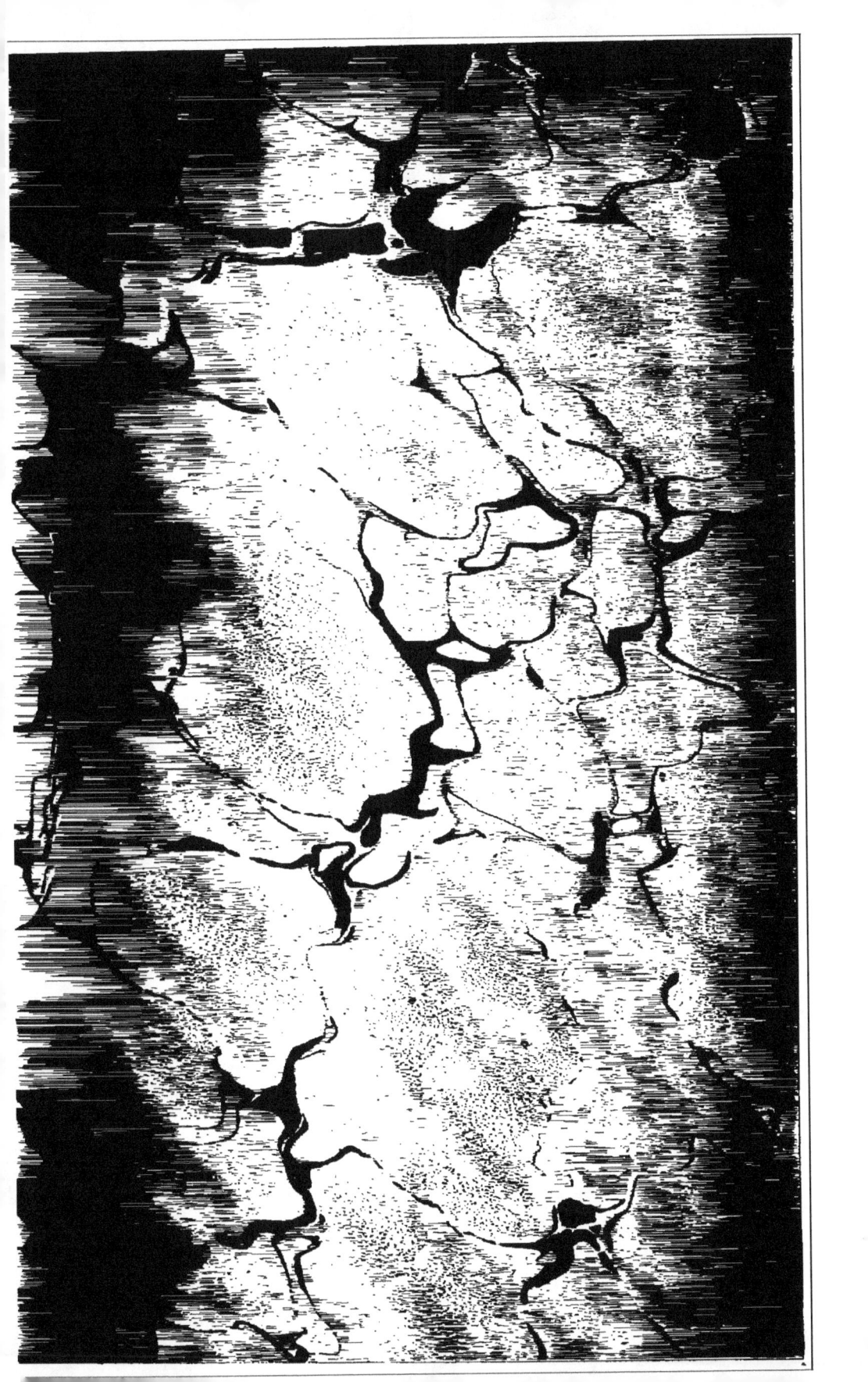

J. BOULANGER

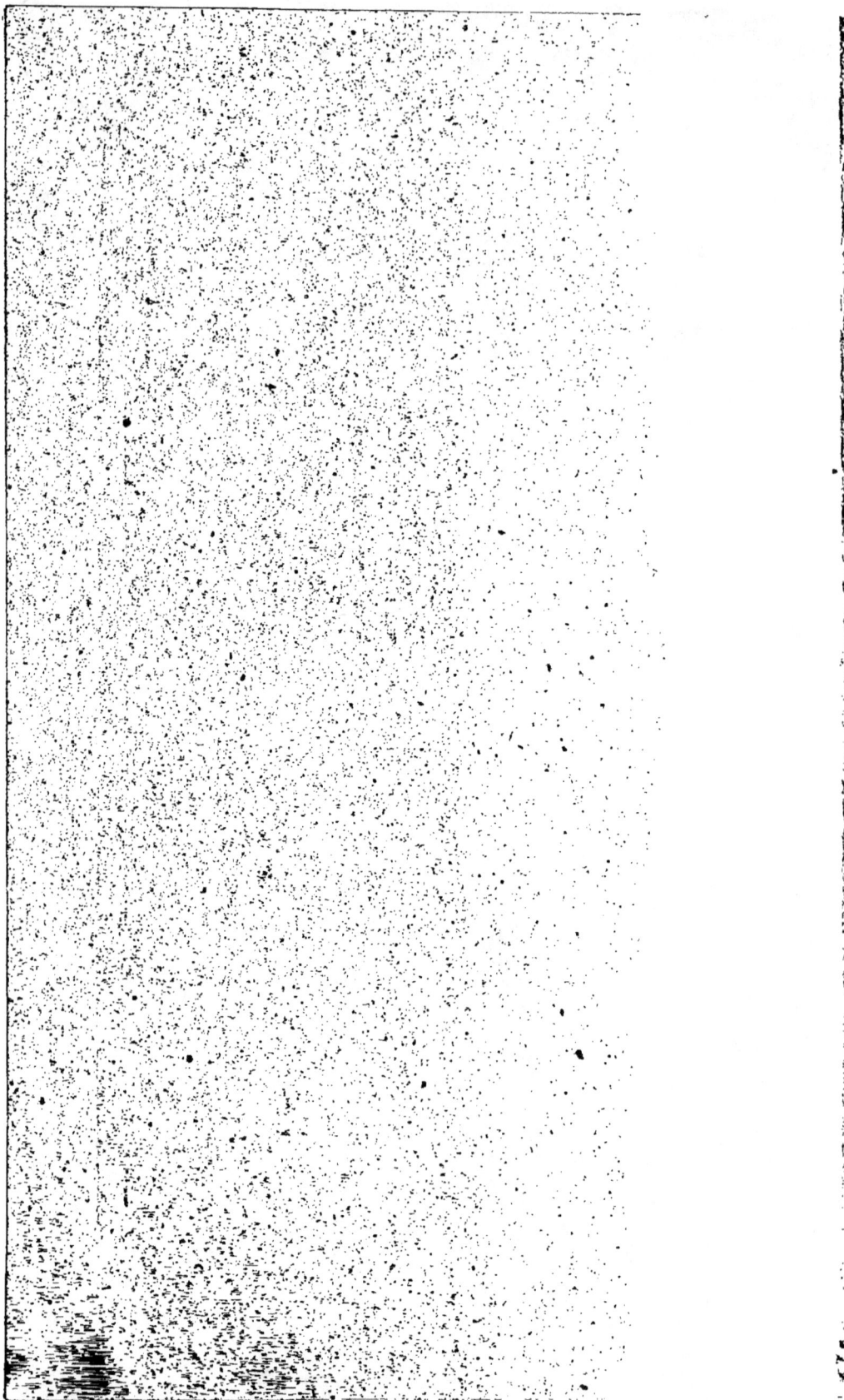

NOTICE

SUR

ÉMILIE DE BECQUINCOURT

COMTESSE

GABRIEL DE CAIX DE SAINT-AYMOUR

NOTICE

SUR

É. DE BECQUINCOURT

COMTESSE

GABRIEL DE CAIX DE SAINT-AYMOUR

ABBEVILLE

TYPOGRAPHIE GUSTAVE RETAUX

84, CHAUSSÉE MARCADÉ, 84

—

1877

Pardon, mon Dieu!

ANGE POUR MOI,

APOTRE POUR LES AUTRES,

TOUT POUR LA GLOIRE DE MARIE

ET

DE SON DIVIN FILS.

Devise de Mme la C^{osse} G. DE CAIX DE St-AYMOUR.

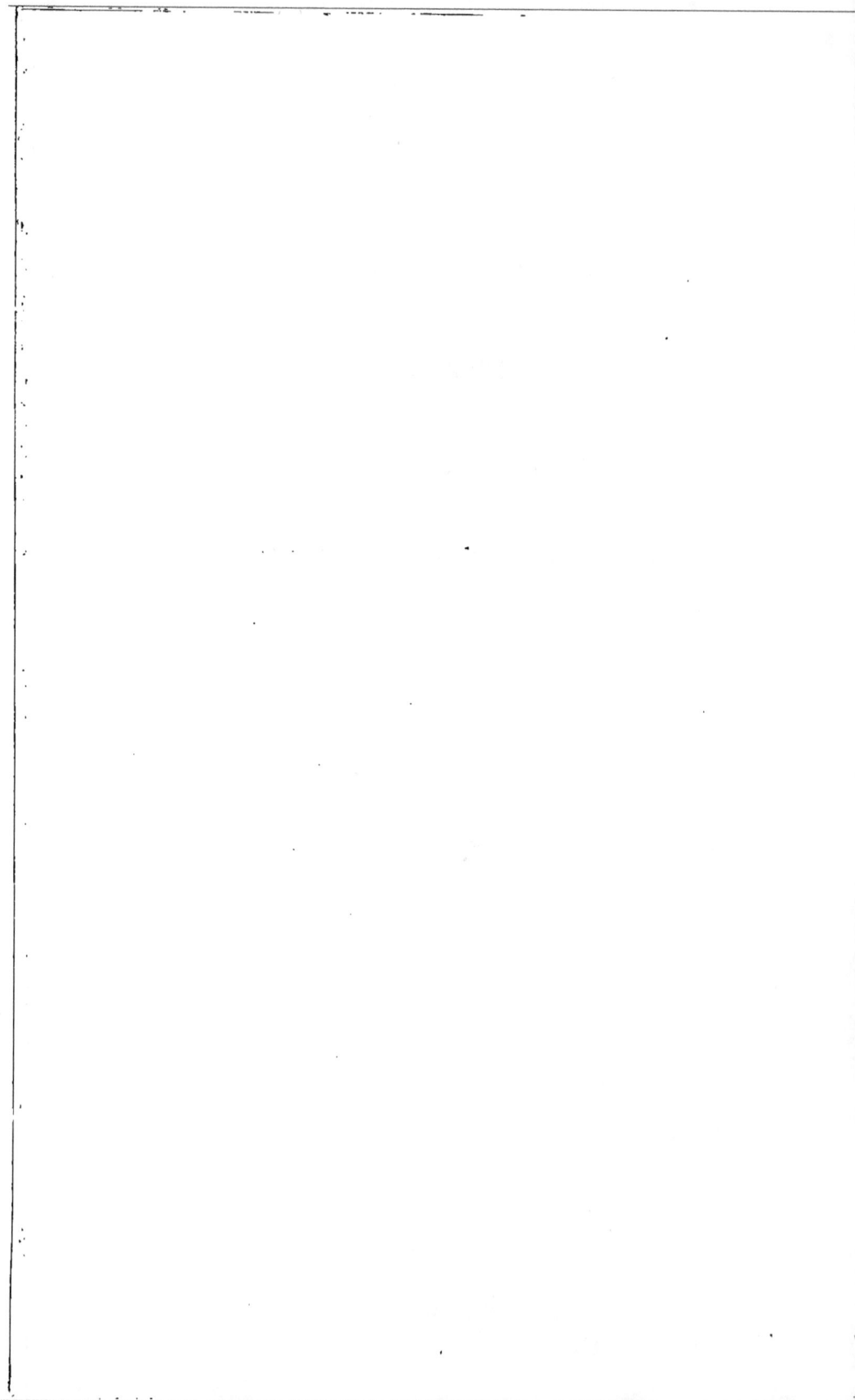

C'est à Monsieur le Comte GABRIEL DE CAIX DE SAINT-AYMOUR, c'est à Madame DE BECQUIN-COURT et à ses enfants, Messieurs RENÉ et GASTON DE BECQUINCOURT, c'est aux nombreuses amies d'ÉMILIE DE BECQUINCOURT, Comtesse GABRIEL DE CAIX DE SAINT-AYMOUR, que sont respectueusement offertes ces pages, écrites en grande partie par Celle que tous pleurent ; elles seront une espérance de la revoir dans la céleste patrie, un souvenir de ses vertus sur la terre, un modèle de vie chrétienne et d'apostolat.

NOTICE

SUR

ÉMILIE DE BECQUINCOURT

I

ENFANCE ET PREMIÈRE COMMUNION D'ÉMILIE.

Louise-Émilie de Becquincourt naquit à Arras (Pas-de-Calais), le 11 février 1855. Ses parents, issus de ces nobles familles dans lesquelles la foi et les pratiques religieuses étaient héréditaires, surent, dès son jeune âge, lui inspirer les sentiments de la piété la plus vive. Sa mère ne voulut pas se séparer de sa fille, avant la première communion de cette chère enfant ; elle ne confia à personne le soin

de son éducation première, et voulut elle-même
déposer dans ce jeune cœur ses principes de
foi, le trésor de la piété la plus franche, les
traditions et les convictions de famille. Madame
de Becquincourt eut, pour la seconder dans
cette œuvre importante, une excellente institutrice, devenue plus tard religieuse de la
Visitation d'Avignon.

Émilie eut toujours pour son père et pour
sa mère une tendresse extrême, un véritable
culte. A peine arrivée à l'âge où le cœur
commence à s'ouvrir à l'amour des parents,
elle fut soumise à une cruelle épreuve. Elle
n'avait que neuf ans, quand une mort tragique
vint lui enlever son père. Monsieur de Becquincourt mourut d'une chute de cheval ; mais
la mort ne l'a pas surpris, car il était de ces
hommes qui se tiennent prêts à paraître devant Dieu au premier appel du Maître.

Cette mort soudaine laissa dans l'âme
aimante d'Émilie une impression profonde.
Nous pouvons en juger par une lettre que, dix
ans plus tard, elle écrivait à une amie pour
la consoler de la mort de son père :

« Il y a quelques jours que j'ai appris la
« perte douloureuse que vous venez de faire.

« Depuis ce temps, il m'a été impossible de
« vous écrire, non pour vous donner quelque
« consolation, car les consolations des hommes
« sont bien peu de chose vis-à-vis de pa-
« reilles douleurs ; mais, pour vous dire
« combien est grande la part que je prends
« à votre malheur. Mieux que toute autre,
« ma chère amie, je prends part à la perte
« que vous venez d'éprouver ; car, moi aussi,
« je pleure un père bien-aimé, et tous les
« jours cette absence me paraît de plus en
« plus amère. Plus heureuse que moi, vous
« avez pu voir votre père recevoir les der-
« niers sacrements, au lieu que moi, j'espère ;
« mais, je n'ai pas eu cette dernière conso-
« lation, si grande pour des âmes qui ont de
« la foi.

« Il ne nous reste plus, ma chère Alice,
« qu'à consoler nos deux mères et à tâcher
« de combler un peu le grand vide que leur
« cause l'absence de ceux que nous pleurons.
« Nous voilà doublement sœurs, ma chère
« Alice. Vous savez que Marie aime les or-
« phelines. Elle veillera doublement sur nous.
« C'est surtout dans ces tristes circonstances
« que l'on est heureux d'avoir au Ciel de

« puissants protecteurs. Courage, ma chère
« amie, courage ; je prie et je prierai beau-
« coup pour vous, pour celui que vous pleu-
« rez et pour toute votre famille. Je sais
« par expérience que, dans de telles circons-
« tances, Dieu seul peut alléger la douleur.
« Adieu..... »

Émilie, en perdant son père, sentit toute la
perte qu'elle avait faite ; elle n'en comprit que
mieux l'immense douleur de sa tendre mère.
A partir de ce moment, elle se montra plus
affectueuse à son égard et devint ainsi sa plus
douce consolation. Ses frères, dont l'aîné n'a-
vait que quatre ans et le second dix-huit mois,
ne pouvaient que faiblement consoler ce cœur
brisé. Émilie se fit une mission d'y suppléer
pour eux. Aussi, ne voulait-elle jamais se séparer de madame de Becquincourt. Le jour
même des funérailles de son père, elle se
tenait, fondant en larmes, à ses côtés, devant
le caveau de la famille ouvert. Vainement
voulut-on l'éloigner : « Non, non, répondit-
elle, ma place est ici à côté de ma mère ! »

Cette tendresse filiale ne fit que grandir
avec les années. Émilie ne pouvait souffrir
que sa mère restât seule un instant, elle était

toujours là, et si elle apercevait une larme dans ses yeux, elle se jetait dans ses bras, et avec une grâce charmante, l'essuyait de ses petites mains.

Le caractère d'Émilie, heureux mélange de douceur et de vivacité, se dessina bientôt avec tous ses charmes. Vive et enjouée, cette chère enfant se livrait avec ardeur aux jeux de son âge, mais un signe de « sa petite mère » suffisait pour la faire rentrer dans le calme.

Madame de Becquincourt veillait avec la plus grande sollicitude sur l'éducation de ses enfants. Comme la mère de saint Louis, elle mettait le trésor de l'innocence au-dessus de tous les trésors, et elle aurait préféré mille fois les voir expirer sous ses yeux, plutôt que de les savoir souillés d'une seule faute mortelle. Prenant au sérieux les obligations de sa mission, elle s'était fait une règle de présider elle-même aux divers exercices qui partageaient la journée.

Émilie était dans sa treizième année, et le temps fixé pour sa première communion était proche. Elle suivit avec les petites filles du village les catéchismes préparatoires à cette grande action. La tendre piété et l'ardent

amour de cet ange terrestre furent pour sa
vertueuse mère une source de joie et de consolation. Ce fut à Billancourt, avec les enfants de
la paroisse, qu'Émilie reçut pour la première
fois son divin Sauveur. Quand le moment si
désiré approcha, elle fit la retraite préparatoire
avec un zèle qui témoignait de la vivacité de sa
foi et du degré éminent de sa dévotion. Sa
pieuse institutrice, qui, sous les yeux de madame de Becquincourt, avait dirigé son éducation, nous dira mieux que personne quelles
furent alors les excellentes dispositions de son
cœur. Voici ce qu'elle écrivait à madame de
Becquincourt, à la date du 10 février 1877 :

« Il est bien à regretter que votre ancien et
« vénérable curé de Billancourt ne soit plus
« de ce monde, pour vous aider de ses souve-
« nirs, sur ce qu'il savait de la candeur et de la
« confiante simplicité de votre bien-aimée en-
« fant, à l'époque de sa première communion,
« dont une impression entre toutes m'est
« restée. Ce qui m'a le plus frappée dans votre
« chère Émilie, à ce moment, c'est qu'elle ne
« m'a jamais paru chercher à se distinguer
« des enfants du village, qui avaient le bonheur
« d'être admises avec elle à la Table sainte,

« que par une plus grande modestie et un re-
« cueillement plus profond. Pour elle, il sem-
« blait n'y avoir plus ni rang, ni fortune, ni
« autre distinction devant Dieu, que celle qui
« rapproche le plus de Lui par une plus
« grande pureté d'âme. Du reste, Émilie n'a
« jamais connu, je crois, cette espèce de fierté
« qui fait que tant d'enfants aujourd'hui se
« tiennent à distance des autres, auxquels Dieu
« n'a pas départi les faveurs de la naissance ou
« de la fortune. »

Pendant la cérémonie, Émilie fut ravissante
de candeur et de piété ; son cœur était tout
entier à Jésus. Le moment de la rénovation des
promesses du baptême et celui de la consécration à la sainte Vierge furent des plus
émouvants ; son front était rayonnant de
bonheur ; on eut dit un ange descendu des
Cieux.

La joie pure et intime qu'elle goûta à la
Table sainte, au jour de sa première communion, lui donna pour la sainte Eucharistie un
attrait qu'elle conserva toute sa vie. Elle ne
pouvait supporter son peu de ferveur et se
plaignait amèrement du froid glacial qu'elle
éprouvait parfois à la sainte Table. Six ans

après sa première communion elle écrivait ces lignes : « Voici votre enfant qui revient à « vous, toujours la même, hélas! sans cou- « rage, sans énergie, et froide le plus souvent « comme un petit *glaçon :* rien ne fait impres- « sion sur mon pauvre cœur; tout y passe « comme de l'eau sur de la toile cirée. Je com- « mence à m'inquiéter de cet état qui dure, « à mon avis, depuis trop longtemps. Je crains « d'abuser des grâces de Dieu. On dirait que « plus je communie, moins je suis fervente. »

Après sa première communion, Émilie con- tinua à travailler activement à l'acquisition des vertus de son âge. Son caractère avait quelque chose d'entier, de volontaire, mais peu à peu elle en triompha, et devint par une surveil- lance sérieuse sur elle-même d'une douceur ravissante.

Son cœur compatissant s'apitoyait facile- ment sur les misères des indigents; elle ne pouvait voir un pauvre lui demandant l'au- mône sans lui donner tout ce qu'elle possédait dans sa petite bourse. Elle visitait volontiers avec sa pieuse mère les pauvres du village. Sa joie la plus vive, la meilleure récompense de son aumône était le sourire du nécessiteux qu'elle venait d'assister. Les nombreux indigents qui se présentaient à la porte du château étaient heureux quand ils apercevaient la *petite demoiselle*, car ils savaient que l'aumône serait plus abondante et qu'elle la donnerait avec tout son cœur ; elle les accueillait avec tant de bonté, elle écoutait avec bienveillance le récit de leurs souffrances et de leurs misères, souvent ce récit lui faisait répandre d'abondantes larmes. Elle conserva toute sa vie cette touchante commisération pour les malheureux. Un mot de madame W. nous apprend qu'en 1874, Émilie continuait ses aumônes : « Oh ! que « j'aime, chère enfant, vous voir laborieuse- « ment occupée du soulagement des pauvres, « du bien des âmes, et du culte de Notre-Sei- « gneur. Tout cela est vivifié par l'intention « pure et la divine charité, n'est-ce pas ? car « il faut cette âme au corps de toutes les bonnes « œuvres. »

II

LE PENSIONNAT.

La tâche si lourde que madame de Becquincourt s'était imposée pour l'éducation de sa
fille lui parut au-dessus de ses forces. Elle
résolut de se séparer de son Émilie pour la
confier à des mains habiles, à des cœurs dévoués. Elle aurait désiré encore la conserver
auprès d'elle, mais elle comprit qu'elle ne pouvait lui donner à la maison paternelle, cette
éducation sérieuse qui prépare la jeune fille
aux combats de la vie et aux obligations que
lui impose sa grande mission sur la terre.

Elle choisit donc pour son enfant le pensionnat du Sacré-Cœur d'Amiens, justement re-
nommé pour les excellentes études qu'on y fait
et pour l'éducation distinguée qu'on y reçoit.

Émilie avait treize ans, quand il fallut s'éloigner de sa mère bien-aimée; les adieux ne se firent pas sans verser bien des larmes; elle aimait tant sa mère, elle en était si tendrement aimée!

Arrivée au Sacré-Cœur, Émilie eut quelque peine à s'habituer au règlement de la maison; elle n'avait plus cette douce liberté d'aller, de venir, et de faire ses petites volontés. L'étude ne pouvait lui apporter de compensation à des privations de tout genre; elle n'aimait pas l'étude; elle eut donc de ce côté bien des sacrifices à offrir à Dieu. Les premiers mois lui parurent très-pénibles et fort durs; elle sut cependant surmonter sa répugnance pour le travail, et son bonheur était d'envoyer à sa mère bien-aimée les témoignages qu'elle avait obtenus au prix de grands sacrifices.

Nous suivrons Émilie dans ce sanctuaire béni, à cette école de la science et de la vertu; grâce à la charité de ses excellentes Maîtresses et à la confiance pleine de bienveillance de ses amies intimes, qui ont bien voulu mettre à notre disposition leur correspondance avec Émilie. Nous recueillerons les précieux exemples d'édification qu'elle n'a cessé de donner

à ses compagnes, pendant le cours de ses études
au Sacré-Cœur d'Amiens.

L'une des anciennes maîtresses de cette
chère enfant écrivait ces lignes à madame de
Becquincourt :

« Je puis dire que j'ai toujours vu Émilie
« fidèle à son devoir ; sa foi vive me frappait
« aussi bien dans ses conversations que dans
« son maintien à l'Église, particulièrement à
« la tribune, où elle aurait pu facilement céder
« à la distraction ; cette foi vive lui inspirait
« une piété tendre et solide, surtout envers le
« Sacré-Cœur et la très-sainte Vierge. Émilie
« fut toujours douce, prévenante pour ses
« compagnes et attentive à donner des conso-
« lations à celles qui pouvaient en avoir be-
« soin ; le tact, la délicatesse de ses procédés
« lui gagnaient tous les cœurs en même temps
« que son aimable simplicité donnait un charme
« particulier aux entretiens que l'on était à
« même d'avoir avec elle ; on pouvait dire en
« songeant à l'approcher : *Allons à la Bonté !*
« Sa générosité pour concourir aux bonnes
« œuvres ne s'est jamais démentie. Sa ten-
« dresse filiale lui aurait fait faire tous les sa-
« crifices pour procurer une jouissance à sa

« mère. En un mot, notre chère Emilie a
« laissé parmi nous un souvenir que Mères et
« Enfants aiment à faire revivre. Aussi avec
« quel intérêt lirons-nous ces pages qui nous
« rappelleront ce qu'elle fut au milieu de
« nous : Véritable enfant du Sacré-Cœur. »

Ses amies nous diront au prix de quels sacrifices Émilie a mérité un éloge si magnifique et exprimé en si peu de mots : *Allons à
la Bonté !*

« Ce qui m'a particulièrement frappée dans
« sa vie, écrit madame la comtesse O. d'E. à
« madame de Becquincourt, c'est son exces-
« sive pureté, qui, élevant tout naturellement
« son âme vers Dieu, lui donnait une grande
« et sérieuse piété dont la ferveur semblait ne
« jamais se démentir. Elle n'avait pas l'idée
« du mal, et faire le bien en tout et toujours
« lui paraissait chose ordinaire. Toujours égale
« d'humeur, on s'adressait à elle, sûr d'en
« recevoir un bon conseil. Je n'ai jamais vu
« sa douceur la quitter un moment ; l'appe-
« lait-on, lorsqu'elle causait avec ses meil-
« leures amies, aussitôt, elle quittait tout pour
« se rendre à son devoir, et pour être fidèle
« au règlement. Mais, ce qui la faisait de suite

« aimer , c'est une extrême simplicité, jamais
« elle ne parlait d'elle, même pour se vanter ;
« il semblait qu'elle ne voulût que Dieu pour
« témoin de tous ses actes ; on sentait qu'il
« n'y avait chez elle aucun orgueil, mais le
« désir d'être agréable à tous sans jamais se
« rechercher elle-même. Elle accueillait si
« bien les petites observations, même celles
« qui auraient pu blesser de plus près son
« amour-propre ; elle n'en avait pas ; c'était
« l'amour de Jésus qui vivait en elle, et quand
« on demandait des sacrifices pour obtenir des
« grâces, comme Émilie savait s'en imposer !
« Cela tout simplement, sans jamais se faire
« remarquer, évitant tout ce qui la mettait en
« évidence. Le naturel, cette charmante qua-
« lité que l'on rencontre si peu maintenant,
« voilà ce qui caractérisait notre Émilie. J'a-
« voue que je ne lui connaissais pas un véri-
« table défaut. Je suis toujours sortie meilleure
« de mes entretiens avec elle. On ne pouvait
« que gagner près de ce lys cultivé par Marie.
« C'était là sa grande dévotion, la sainte
« Vierge ! Oh ! comme elle a bien porté son
« titre d'Enfant de Marie ! Comme elle possé-
« dait vraiment les vertus de cette bonne

2

« mère !... je voudrais pouvoir vous dire
« combien Émilie était bonne, pieuse, simple,
« en un mot, quel ange Dieu vous avait donné
« et quelle amie elle était pour moi !

« Si j'eusse été moins absorbée par mon
« petit enfant, écrit madame H., c'eût été une
« vraie consolation pour moi de rechercher
« dans les souvenirs de notre amitié, mille
« petits traits qui eussent pu m'aider à vous
« envoyer de mon côté un petit travail sur ce
« qu'était Émilie au pensionnat ; mais ne l'avez-
« vous pas connue comme moi et mieux que
« moi, et n'avez-vous pas ressenti pendant
« trop peu de temps, hélas ! le charme qu'elle
« savait si bien répandre autour d'elle par l'in-
« fluence de son heureux caractère, de son
« angélique piété, des délicatesses de son cœur
« si aimant, et de sa conscience si pure ! »

Dès ses premières années au Sacré-Cœur,
Émilie s'appliqua à remporter sur son caractère de nombreuses victoires ; elle ne résistait
pas toujours au premier mouvement, mais elle
revenait tout de suite et était la première à
reconnaître sa trop grande vivacité ; aussi,
jamais elle ne sut ce qu'était la rancune, son
cœur avait toujours la victoire après les pre-

mières impressions de sa susceptibilité ; elle avait une prédilection particulière pour la vie de sacrifice, et madame O'M., religieuse du Sacré-Cœur, qui connaissait cette chère petite âme, pouvait sans crainte lui écrire les lignes suivantes :

« Vous avez bien fait, chère enfant, de sacri-« fier, comme vous le dites, « *le plaisir au* « *devoir* » en vous montrant le jour de l'As-« somption une fidèle paroissienne de Billan-« court ; faites toujours ainsi, ma chère enfant, « en vous encourageant par cette maxime con-« nue : *Non ce qui me plaît, mais ce que je dois.* « Vous deviendrez ainsi une jeune fille *sérieuse,* « *dévouée au devoir, zélée pour le bien,* vous « imiterez dans une petite mesure votre chère « maman dont vous serez la consolation. Oh !.. « s'il y avait en France beaucoup de femmes « comme celle que le bon Dieu vous a donnée « pour mère, notre pays serait bien vite régé-« néré ! »

III

ÉMILIE, ENFANT DE MARIE.

Rien ne nous fera mieux juger des progrès d'Émilie dans le chemin de la vertu au pensionnat que son immense désir de se rendre digne d'être Enfant de Marie, et les efforts constants qu'elle ne cessa de faire pour atteindre son but. Dans chacune de ses lettres à ses amies, elle exprime toujours le même désir ; c'est un rêve de tous les instants.

Un jour, pendant les vacances, Émilie était au Sacré-Cœur d'Amiens, madame W..., la maîtresse générale du pensionnat, la conduisit à la chapelle du *Berceau*, lieu des réunions de la Congrégation des Enfants de Marie ; elle fut tellement impressionnée, qu'à son retour à Billancourt, elle ne put s'empêcher de déver-

ser le trop plein de son cœur dans le cœur de
madame H..., son amie; elle lui révèle, dans
une lettre, toutes les aspirations de son cœur et
toute la vivacité de ses désirs.

« Je vous avoue que j'ai eu bien gros cœur
« lorsque madame W.... m'a menée à cette
« chère chapelle du *Berceau*. Je me suis rappe-
« lée le jour de votre réception ; comme mon
« cœur était gros de ne pouvoir dire comme
« vous : « *Je suis l'enfant chérie de Marie !* »
« Ah ! du moins, Marie compte tous mes sa-
« crifices, et j'espère qu'elle m'en récompen-
« sera en m'adoptant pour son enfant. Quand
« arrivera-t-il le *beau jour* de ma réception ?
« Quand me consacrerai-je pour *toujours* à
« cette bonne Mère ? Il me tarde bien de pou-
« voir dire : « Oui, je me suis consacrée
« et donnée à Marie pour toujours. Marie
« est ma Mère ! Je suis son enfant chérie ! »
« Quelle consolation, quand on est dans le
« chagrin, de pouvoir se dire : « Si tout le
« monde m'abandonne, Marie ne m'abandon-
« nera pas ; une mère de la terre n'abandonne
« pas son enfant, à plus forte raison ma Mère
« du Ciel ! » Tous les matins et tous les soirs,
« en lui demandant sa bénédiction devant sa

« statue, je lui demande de vouloir bien me
« mettre au nombre de ses enfants le plus tôt
« possible; je baise tous les soirs ma médaille
« d'ange, et je me dis : « Quand pourrai-je
« baiser celle d'Enfant de Marie?» Cette vilaine
« guerre ne finira donc jamais ! C'est peut-être
« elle qui m'empêchera d'être reçue le **8 dé-**
« cembre **1870**, parce que je n'aurai pas mon
« temps? Mais, je serai si sage, que peut-être
« fera-t-on une exception pour moi. Enfin,
« priez toujours beaucoup pour moi, afin que
« je sois bientôt votre sœur. »

Dans une autre lettre à cette même amie,
elle exprimait en ces termes son ardent désir
d'être Enfant de Marie.

« Je viens de recevoir une charmante lettre
« de Pauline. Elle me dit qu'elle prie beaucoup
« pour que je sois Enfant de Marie le plus tôt
« possible. Je le voudrais bien ; ce n'est pas le
« désir qui me manque. Elle me dit qu'elle est
« mille fois plus heureuse maintenant qu'elle
« est fille chérie de cette bonne Mère. Je le
« comprends aisément. Nous nous aimerons
« encore davantage, quand je serai comme
« vous deux, Enfant de Marie; nous serons
« comme *trois sœurs ;* je vous aime déjà tant

« toutes les deux ! Quel vide quand je vais
« rentrer ! Je n'aurai plus personne en qui je
« puisse avoir une aussi grande confiance
« qu'en vous. »

Quelle ne fut pas sa joie, lorsqu'elle apprit
la grande nouvelle de son admission à la congrégation des Enfants de Marie ? Elle ne pouvait contenir ses transports d'allégresse. Elle
voulut que sa mère assistât à sa réception ;
son bonheur n'eût pas été complet si sa bonne
mère n'avait été présente à cette touchante
cérémonie. Qui pourrait dire les délices intimes
que cette âme goûta au jour où il lui fut donné
de se consacrer à Marie, sa tendre Mère ! Enfin,
Émilie était Enfant de Marie ; elle pouvait à la fin
de ses lettres mettre ces mots si chers et si la-
borieusement conquis : Émilie, Enfant de Marie.

A partir de cette époque, elle fut un véritable modèle pour toutes ses compagnes. Ses
bulletins constatent des progrès sérieux. Voici
ses notes à l'article Conduite :

Décembre 1871. Conduite bonne. 4ᵉ ruban
de mérite.

Mars 1872. Émilie a obtenu le second ruban
de mérite et le 1ᵉʳ accessit du prix de bonne
conduite dans sa classe.

Août 1872. Conduite. Le 3ᵉ ruban de mérite et le 2ᵉ accessit du prix de sagesse.

Décembre 1872. Émilie a obtenu le 2ᵉ médaillon et le ruban de mérite.

Avril 1873. Émilie a obtenu le prix de bonne conduite, le ruban de mérite et le 2ᵉ médaillon.

La fin de l'année scolaire 1870-1871 avait été très-bonne. Madame W., la maîtresse générale du pensionnat, écrivait à Émilie cette lettre qui a dû lui apporter une joie bien vive ; elle lui disait à la date du 17 septembre 1871 :

« Non, non, ma chère Émilie, je n'ai pas
« cru un instant que vous aviez oublié le
« Sacré-Cœur et les Mères qui vous y gardent
« une affection si tendre et si dévouée. J'ai
« une très-bonne opinion du cœur que le bon
« Dieu vous a donné, et j'espère qu'il contri-
« buera à vous rendre toujours la joie et la
« consolation des personnes avec lesquelles
« vous vivrez. Je compte beaucoup sur vous
« pour habituer nos grandes nouvelles ; je dis
« grandes, car il en est cinq ou six qui ont déjà
« quinze ou seize ans, et vous comprenez qu'il
« faudra faire plus de frais d'amabilité pour
« elles que pour de petites filles. Je vous en
« confierai une ou deux tout particulièrement.

2.

« Et puis, ma chère grande fille, vous aurez
« aussi des charges à remplir et vous vous
« montrerez digne de notre confiance. Le 4 oc-
« tobre, vous recommencerez à montrer à vos
« compagnes les exemples d'une véritable En-
« fant de Marie ; bien chère Enfant ! que nous
« aurons de plaisir à vous revoir ! Madame R.
« a trouvé que votre lettre était bonne et elle
« vous envoie sa maternelle bénédiction. »

Mademoiselle J. d'H., son amie intime, écrit
à madame de Becquincourt, sur Émilie, Enfant de Marie, les lignes suivantes :

« Nous considérions Émilie comme le vrai
« type de l'Enfant de Marie ; aimable envers
« chacune, très-affectueuse dans ses rapports
« d'amitié, mais pieuse avant tout ; elle avait le
« don de se faire aimer par toutes. Cependant,
« elle imposait une sorte de respect, car on
« n'osait se permettre devant elle aucun propos
« léger. Le trait le plus saillant de son caractère,
« c'était sa charité envers les pauvres. Chaque
« Enfant de Marie était chargée d'une orphe-
« line de la Neuville. Émilie remplissait avec
« un véritable bonheur ce petit apostolat de
« chaque dimanche, qui la préparait à celui que
« son zèle, secondé par les dons de Dieu, de-

« vait lui faire exercer plus tard à Billancourt.
« Au moment de son départ d'Amiens, elle se
« préoccupait de son orpheline Stella qu'elle
« confiait à notre amie commune L. de S...

« A nos réunions d'Enfants de Marie, elle
« apportait son expansive gaieté et une ferveur
« empressée à adopter toutes les pratiques du
« zèle. Personne n'eut plus qu'elle l'esprit de la
« congrégation qui avant tout est un esprit de
« charité. Je ne lui ai jamais entendu dire le
« moindre mal d'une de ses compagnes, son
« indulgence couvrait tous les défauts et son
« humilité la portait sans cesse à s'accuser,
« tandis qu'elle était notre modèle à toutes.

« Que dire de ses relations d'amitié? Sinon
« qu'elle était déjà au pensionnat telle qu'elle
« se montre dans ses lettres, c'est-à-dire la
« plus tendre, la plus délicate, la plus pieuse-
« ment dévouée des amies. Ses conversations
« étaient édifiantes; elle faisait le bien à son
« insu. Les jours où le Saint-Sacrement était
« exposé, nous nous arrangions de manière à
« nous trouver ensemble à l'adoration : il me
« semble que je priais mieux à côté d'elle.
« C'est ainsi que souvent nous avons commu-
« nié l'une près de l'autre, et que la dernière

« fois qu'il m'avait été donné de la voir, notre
« premier rendez-vous fut à la sainte Table.

« Je ne crains pas de dire que je regarde
« comme une grande grâce d'avoir été liée avec
« cette âme si pure, j'espère que notre amitié
« n'a pas été brisée par la mort, que le souve-
« nir des vertus d'Émilie m'aidera dans le
« chemin de la vie. »

Un trait raconté par une jeune compagne,
qui en fut l'auteur, confirmera ce jugement
porté sur Émilie par ses amies.

« Je me rappelle avec plaisir le voisinage
« de pupître de notre bonne Émilie ; il y a de
« cela à peu près quatre ou cinq ans. J'étais
« alors bien étourdie, et je dirai même un peu
« diable ; sans aucun respect pour le charmant
« ruban et médaillon qui était à côté de moi.
« Je m'en donnais de bavarder et de gesticuler
« pendant que les sérieux devoirs de ma voi-
« sine captivaient toute son attention ; jamais,
« et je me rappelle cela avec admiration, elle
« n'a donné un signe d'impatience ; elle me
« supportait bien mieux que je ne le méritais,
« et elle avait toujours sur les lèvres un petit
« mot d'encouragement. C'est donc après une
« semaine d'efforts, qu'elle m'a donné pour

« récompense un souvenir de son voyage à
« Chambord. Je conserve comme doublement
« précieux une photographie du château et
« quelques fleurs et feuilles sèches. Le jour où
« on lui a donné pour la première fois le se-
« cond médaillon, en qualité de voisine, je
« m'empressais pour la féliciter; elle me dit
« avec un charmant sourire : « J'aurais bien
« voulu l'avoir *ex œquo* avec vous. » Je vou-
« drais avoir bien plus de choses à dire sur
« cette chère Émilie, trop tôt enlevée à l'af-
« fection de ceux qui l'ont connue. Si mes
« souvenirs me font défaut, mon cœur garde
« bonne mémoire. »

Rien de mieux que ce témoignage de cette
petite compagne. Ce trait justifie la confiance qu'Emilie a su inspirer à ses maîtresses
et dont nous avons une preuve dans cette lettre
de madame D., religieuse du Sacré-Cœur
d'Amiens : « Nous comptons beaucoup sur
« vous, ma chère Émilie, pour aider les nou-
« velles à s'habituer, et pour donner à toutes
« le bon exemple que l'on doit attendre d'un
« ruban bleu, et d'une Enfant de Marie. Vous
« serez tout à fait à la tête du pensionnat,
« maintenant que vous voilà à la première

« classe, et il faudra que vous puissiez dire :
« *Suivez ma médaille, vous la trouverez toujours*
« *au chemin du devoir.* »

Les Enfants de Marie avaient en haute estime
la vertu d'Émilie, et voulaient lui en donner un
témoignage non équivoque en la nommant
Sous-Présidente des Enfants de Marie. C'est elle-
même qui fait part de sa nouvelle dignité à sa
mère, dans une lettre d'une charmante simplicité : « Ce matin, nous avons eu notre réunion
« des Enfants de Marie. Nous avons fait les élec-
« tions, et je suis nommée *Sous-Présidente !*
« Jugez, chère petite mère, si je suis contente !
« Quel honneur ! On voit bien que je vieillis,
« et que je commence à devenir importante ;
« chaque jour de nouvelles charges ! Hier,
« madame V. me dit que je suis *Présidente*
« *honoraire* du chant ! Aujourd'hui, *Sous-*
« *Présidente des Enfants de Marie !* l'autre
« jour, *Sacristine de la chapelle ;* vraiment, si
« cela continue, je vais devenir orgueilleuse
« comme un paon, car, ce n'est pas l'humilité
« qui m'étouffe.... »

Émilie était heureuse de son titre d'Enfant
de Marie. Elle voulut que sa bonne mère par-
tageât son bonheur ; elle obtint donc de ses

Maîtresses que madame de Becquincourt fût admise dans l'association des Enfants de Marie. Ce fut au mois de décembre 1872, que sa vertueuse mère reçut sa médaille, et fit partie de ladite congrégation.

IV

SORTIE DU PENSIONNAT.

L'éducation d'Émilie était terminée ; il fallut
se séparer de ses chères Maîtresses, de ses
compagnes bien-aimées, de la chapelle de congrégation, son cher *Berceau,* comme elle aimait
à l'appeler. Son cœur était brisé, bien des
larmes coulèrent de ses yeux, « larmes d'un
cœur reconnaissant et aimant », disait sa bonne
mère. Émilie ne pouvait s'arracher de cette
maison bénie, où elle avait passé de si beaux
jours, où elle laissait les meilleurs souvenirs.
Elle se promit bien, en franchissant le seuil de
la porte du Sacré-Cœur, d'y revenir le plus
souvent possible et de saisir la plus petite
occasion d'y retourner. Aux grandes fêtes, elle
était heureuse d'apporter aux cérémonies reli-

gieuses le concours de sa belle et magnifique voix ; et loin de se faire prier, elle prévenait toujours l'invitation qu'on pouvait lui adresser. Cet attachement d'Émilie pour son cher pensionnat n'est-il pas le plus bel éloge que l'on puisse faire de son éducation au Sacré-Cœur ?

Émilie avait songé à l'avenir, elle s'était préparée à son entrée dans le monde par un redoublement de ferveur. La vie ne lui apparaissait pas sous l'aspect d'un riant parterre où elle n'aurait que des roses à cueillir ; déjà elle avait appliqué ses lèvres au calice de la souffrance et du sacrifice. C'est dans la retraite et dans la solitude qu'elle puisera les lumières et les forces nécessaires pour se comporter dans le monde comme une véritable élève du Sacré-Cœur et une vaillante Enfant de Marie. Elle rend compte de sa dernière retraite dans les lignes suivantes :

« Enfin, la voilà donc arrivée, chère ma-
« man, cette retraite après laquelle je soupire
« depuis si longtemps! Merci, chère maman,
« d'avoir fait ce matin la sainte communion
« pour votre petite Émilie. Je dois et je veux
« faire cette retraite très-sérieusement. Elle
« est doublement importante pour moi : c'est

« ma dernière au pensionnat, et c'est aussi à
« la veille de mon entrée dans le monde. J'es-
« père que j'en retirerai de bons fruits. Je l'ai
« mise sous la protection de la sainte Vierge,
« de saint Joseph et du R. P. Olivaint. Je me
« recommande aux prières de tout le monde,
« de ma mère chérie, surtout. »

Revenue auprès de sa mère, elle en devint la
plus douce compagnie. Elle comprit qu'elle
avait à mettre le couronnement à son éducation
en priant sa mère de l'initier à tous les devoirs
et à toutes les occupations d'une maîtresse de
maison. D'abord elle eut soin de se faire un
règlement de vie bien détaillé ; chaque chose
y avait son temps et sa place. Lever, médita-
tion, sainte messe, lecture, visite au Saint-
Sacrement, examen particulier, chapelet, travail, arts d'agrément, soins du ménage,
confession, communion, etc.

C'est par l'exacte observation de ce règlement qu'elle se préparait à la mission que
Notre-Seigneur confierait à son zèle et à son
dévouement. Aussi, lorsque la voix de Dieu se
fit entendre à son cœur, elle était prête à répondre à l'appel du Maître. C'est à sa fidélité à
observer chacun des articles de son règlement

qu'elle dut son ardeur non-seulement pour son
propre salut, mais aussi pour le salut des
autres. Elle avait puisé l'amour des âmes dans
le cœur de sa pieuse mère, qui, après Dieu,
avait su lui inspirer un véritable apostolat.

V

Émilie avait le zèle des.âmes. Elle alimenta ce zèle des âmes par des lectures sérieuses. A la maison paternelle elle lisait avec le plus vif intérêt les annales de la Propagation de la Foi et de la Sainte-Enfance. Le rachat des petits Chinois, le dévouement des missionnaires pour cette œuvre apostolique faisaient tressaillir son cœur. Le désir de gagner des âmes à Dieu grandit et passa pour ainsi dire chez elle à l'état d'idée fixe. Cette pensée inspirée par sa foi si vive prit tout à coup un tel développement dans son cœur que la moindre étincelle suffit pour l'embraser.

Ce fut surtout pendant la retraite annuelle de 1871 qu'Émilie sentit plus vivement le travail du zèle des âmes dans son propre cœur. Le prédicateur avait parlé de l'apostolat qu'une jeune fille peut exercer au sein de sa famille et dans sa paroisse. Il avait indiqué quelques moyens pratiques d'exercer le zèle des âmes, chacune dans sa sphère, même dans le plus petit hameau. L'un de ces moyens était de réunir autour de soi des jeunes filles pour leur apprendre des cantiques en l'honneur de la sainte Vierge. Par ce moyen, on empêchait les jeunes filles de se dissiper, de fréquenter les mauvaises compagnies et de courir les bals. Notre Émilie saisit avec ardeur cette pensée de l'apostolat. Elle vint trouver le Père et lui expose tout un petit plan qu'elle avait élaboré pour réunir autour d'elles les jeunes filles de Billancourt. C'était pendant les vacances qu'elle devait faire les premiers essais de son petit apostolat.

Le Père encouragea son projet, et lui promit de l'aider par ses prières et par ses conseils au moment de l'exécution.

A peine Émilie fut-elle arrivée en vacances, qu'elle parla de ses plans à sa bonne mère. Madame de Becquincourt fut ravie des saints désirs de sa chère enfant. Émilie réunit autour d'elle quelques jeunes filles pour leur apprendre des cantiques. Elle ne fut pas très-fière de ses premiers essais. Elle comprit qu'il était mieux d'attendre sa sortie du Sacré-Cœur pour mener à bonne fin son œuvre d'apostolat. Ce ne fut qu'en octobre 1873 qu'elle la reprit sérieusement. Voici ce qu'elle écrivait au Père le 31 octobre :

« Presque toutes les soirées de cette semaine « ont été consacrées à apprendre à quelques « jeunes filles du village des motets et des can- « tiques pour demain. Elles apprennent assez « vite. C'est charmant ! Avec un peu de peine, « j'arriverai à en faire quelque chose. Cela les « maintient et les attire un peu plus à l'église ; « tout est à la gloire de Dieu. Cependant, j'a- « voue que quelquefois la vanité et l'orgueil se « mettent de la partie. Dimanche dernier, je « leur ai fait faire une partie de loto. Elles « étaient enchantées ! et moi, de les voir rire « et si contentes, j'en ai ressenti une si douce « joie que cela m'a donné l'envie de recom- « mencer. Je vous assure que cette soirée m'a « fait beaucoup plus de plaisir que bien d'autres « passées au milieu du monde. »

Ce n'est pas la petite gloriole de paraître et

de diriger son chœur qu'elle recherche, mais bien la gloire de Dieu, la sanctification des âmes. Elle a pour ses chanteuses l'amour d'une mère, elle les suit partout, elle n'est heureuse que lorsqu'elle les a toutes autour d'elle. Elle rend compte de ses impressions en ces termes, le 29 décembre 1873 :

« J'ai eu le bonheur de communier à la « messe de minuit. Mes chères petites chan- « teuses m'ont accompagnée à la sainte Table, « ainsi que les autres jeunes filles du village et « quelques femmes. Depuis longtemps, on n'a- « vait vu ce jour-là autant de communions et « autant de monde à cette messe. La raison du « monde était toute naturelle. Maman a fait « venir une crèche avec un certain nombre « de personnages. La veille je l'avais arrangée « de mon mieux, et vraiment ce n'était pas « mal ! Quelle humilité ! mon Père. Mais c'est « égal, pour une raison ou pour une autre, on « est venu à la messe, on a prié, on a com- « munié. Le petit Jésus, je l'espère, n'aura pas « eu aussi froid que dans l'étable de Bethléem. « J'ai passé un bon moment. Comme il est « doux de voir les âmes se rapprocher de Dieu, « dans un temps où beaucoup l'oublient. Pour

« moi, le plus grand plaisir qu'on puisse me
« faire, c'est de me dire qu'un malade qui avait
« commencé par refuser les sacrements est
« mort en bon chrétien ; qu'une personne peu
« exacte aux offices y vient plus régulièrement ;
« qu'il y a plus de monde aux offices du di-
« manche. La seconde messe du dimanche est
« pour moi jusqu'à l'évangile comme si je n'y
« étais pas, parce que je suis dans une petite
« tribune au fond de l'église, et que je vois de
« là entrer tout le monde, et tant que mes pe-
« tites chanteuses n'y sont pas toutes, je ne
« fais rien de bien : j'ai toujours peur qu'il y
« en ait une qui manque, comme cela est déjà
« arrivé une fois. Je voudrais en faire des mo-
« dèles, c'est bien difficile ; il faudrait pour
« cela que la maîtresse fût bonne, mais elle est
« si mauvaise au-dedans. Je leur avais appris
« pour Noël plusieurs motets assez difficiles,
« qu'elles n'ont pas mal chantés. Alors, hier,
« pour les récompenser, je leur ai fait faire une
« partie de loto ; puis, elles ont tiré des images
« sur lesquelles j'avais écrit les étrennes du
« petit Jésus avec une petite considération et
« une aspiration. Il y avait sur l'une : Le petit
« Jésus vous donne sa patience, son obéis-

3

« sance, etc. Je la leur ai lue à chacune, car
« il y en a qui ne savent pas lire. Elles ont
« heureusement un bon caractère, et quoique
« les images ne fussent pas toutes pareilles,
« elles trouvaient toutes que celle qui leur
« était échue était la plus belle. Enfin, tout
« pour la gloire du petit Jésus ; malgré tout le
« bonheur que l'on a à faire le bien, il y a çà
« et là de petites épines ; mais ce n'est rien, il
« faut bien souffrir un peu ; sans cela, on n'au-
« rait pas de mérite, et puis, comme vous
« me le disiez si bien, mon Père, en un jour
« de triste mémoire : « *Il faut acheter le*
« *Ciel !* »

– Parfois son zèle pour *ses petites âmes,* comme
elle les appelait, lui faisait entreprendre des
travaux au-dessus de ses forces. Voici le
compte rendu qu'elle envoyait un jour de procession de la Fête–Dieu :

   « Il faut, mon Père, que je fasse du bien. Je
« ne suis heureuse que lorsque j'ai fait plaisir
« à quelqu'un. Ainsi, le dimanche dans l'oc-
« tave du Saint–Sacrement, il y a eu encore
« une procession, maman était souffrante ; j'ai
« dû faire le reposoir le matin. J'ai chanté à la
« procession. L'après–midi, je me suis fait con-

« duire chez un de mes oncles, parce que ma
« cousine m'avait demandé de vouloir bien
« venir l'aider pour chanter au reposoir qu'elle
« faisait chez elle. Pour finir la journée, comme
« il y avait une fête dans les environs, et que
« je ne voulais pas que mes *enfants* y allassent,
« je les ai amusées jusqu'à dix heures et demie
« du soir, avec toute espèce de choses. J'ai
« fini la soirée en leur donnant une petite
« image du Sacré-Cœur, et en leur faisant dire
« la prière du soir. Toutes y étaient, excepté
« une, qui était venue me demander la permis-
« sion d'aller dîner à la fête. Je n'ai pu faire
« autrement que de lui permettre ; mais, c'é-
« tait bien à regret ! Enfin, il n'y en avait
« qu'une ; les autres ont été sauvées pour une
« fois ! Je n'en pouvais plus, après une pareille
« journée : mon pauvre corps ne voulait
« presque plus aller ; mais que mon âme était
« heureuse ! Je n'aurais pas cédé ma place
« pour rien au monde ! Oh ! combien j'ai re-
« mercié le Sacré-Cœur de m'avoir accordé
« cette consolation ! Ces pauvres enfants ! elles
« riaient de si bon cœur ; cela faisait plaisir à
« voir ! »

Ce n'est plus assez pour son cœur d'apôtre

qu'elle ait des chanteuses, elle veut avoir des
Enfants de Marie. Au mois de mai 1874, elle
forma le projet d'avoir à Billancourt une petite
congrégation. Voici les plans qu'elle proposa
et les conseils qu'elle demanda. Partout brille
son zèle des âmes : on sent que c'est l'esprit de
Dieu qui entretient dans son jeune cœur cette
flamme de l'Apostolat.

« Maintenant je m'occupe du mois de Marie
« que M. le curé tâche d'établir. L'année der-
« nière, il y avait salut les dimanches, et, cette
« année, le jeudi sera ajouté aux dimanches.
« Je ne sais comment cela prendra. J'apprends
« des cantiques de la Sainte Vierge à mes
« chanteuses, qui, je l'espère, viendront toutes.
« Plusieurs ont un petit mois de Marie chez
« elles. Depuis longtemps, je pense former une
« petite congrégation d'Enfants de Marie ;
« mais, ce projet-là me paraît bien difficile à
« exécuter. Il y a très-peu de jeunes filles, le
« village est si petit ! Il faudrait des réunions ;
« quand je ne serai pas là, qui les fera ? Avant
« tout, je voudrais les soustraire à la passion
« de la danse ; et je sais, que parmi ces jeunes
« filles de quinze ou seize ans, il y en a qui ont
« déjà dansé pendant le carnaval. Je voudrais

« leur donner un certain temps d'épreuve.
« L'été, il y a plusieurs fêtes dans les environs,
« plusieurs y ont des parents. Je ne peux pas
« les empêcher de voir leurs parents, et natu-
« rellement, je ne puis pas voir ce qu'elles
« feront là-bas ; comment faire ? Si seulement,
« j'étais secondée par les parents ; mais, au
« contraire, *avant tout, il faut que leurs enfants*
« *s'amusent, pendant qu'ils sont jeunes.* Le
« reste leur est bien indifférent. Je voudrais
« tant que ces chères petites fussent profondé-
« ment chrétiennes ; si elles étaient consacrées
« tout particulièrement à Marie, cette bonne
« Mère les protégerait. Il n'y a pas de malice
« dans ces pauvres enfants, mais, elles suivent
« instinctivement l'esprit du siècle ; ayant la
« plupart du temps devant les yeux de mauvais
« exemples. Pas un père de ces chères enfants
« qui fasse ses pâques ; un ou deux viennent à
« la messe le dimanche. Quant aux mères,
« toutes font, je crois, leur devoir. Pour une
« raison quelconque, on fait travailler le di-
« manche ces enfants ; elles manquent à la
« messe, et pourtant, il y a deux messes : tout
« cela de la faute et par la négligence des pa-
« rents. Je vous disais tout à l'heure que je

« voulais leur donner une épreuve. J'avais
« pensé un an d'épreuve, puis six mois, puis
« trois ; je ne sais que faire ? J'en ai parlé à
« maman ; elle m'a approuvée, tout en m'en
« faisant voir la difficulté. »

« Je ne peux rien faire sans en parler à M. le
« curé ; seulement je voulais savoir ce que vous
« en pensez. La chose est-elle possible, le mo-
« ment est-il favorable ? Je serais si heureuse
« si cette pensée pouvait être un jour réalisée !
« Priez, mon Père, à cette intention. Je suis
« peut-être bien exigeante, mais je vous de-
« mande de vouloir bien célébrer la sainte
« messe tous les samedis à cette intention, ou
« un autre jour, si vous ne le pouvez ce jour-
« là. Priez aussi pour la conversion de ma
« pauvre âme qui voudrait en sauver d'autres
« et qui a tant de peine à se sauver elle-
« même. »

Émilie ne veut rien entreprendre avec précipitation, elle a toujours devant les yeux la plus
grande gloire de Dieu. Elle écrit le 31 mai 1874 :

« Je n'ai pas mis à exécution mon projet de
« congrégation d'Enfants de Marie, parce qu'une
« foule de difficultés et d'objections se sont
« mises à la traverse. Je n'y ai pas renoncé, loin

« de là, mais je cherche un moyen de pouvoir
« faire du bien à ces enfants, sans froisser les
« autres jeunes filles, que je ne voudrais pas
« admettre, et qui cependant ne peuvent être
« exclues de cette association si elles le dé-
« sirent. D'un autre côté, je ne peux compter sur
« une de ces dernières, comme sur ces enfants
« qui me sont attachées, et dont je fais tout ce
« que je veux : comment faire ? je confie cela
« au Cœur de Jésus, de là me viendra la
« lumière. »

Émilie a fait son pèlerinage à Lourdes ; elle
a demandé lumière et force pour sa petite œuvre ;
elle écrit au mois de septembre 1874 :

« Ma congrégation d'Enfants de Marie est
« toujours en projet ; je n'ose pas commencer.
« Du reste, maintenant, je ne m'en sens pas le
« courage ni la force. Cependant, si c'est la
« volonté de la Sainte Vierge, j'aimerais mieux
« mourir à la tâche plutôt que de lui déplaire :
« si de cette congrégation dépend le salut du
« village, et que je sois assez lâche pour ne pas
« m'en occuper, quelle responsabilité pour
« moi ! Vraiment, quand j'y pense, j'en suis
« effrayée. Qu'en pensez-vous ? mon Père. Dans
« tous les cas, je ne pourrais commencer mes

« réunions qu'au mois de novembre. Que faire ?
« Je suis toujours si mal entrain. Je suis sûre
« de mes six chanteuses ; j'en ai renvoyé une
« dernièrement. Elles n'ont pas dansé une
« seule fois cet été, même à la fête du village !
« C'est un grand pas ; mais cela suffirait-il
« comme épreuve pour être reçue Enfant de
« Marie ? Il va sans dire qu'elles sont toujours
« exactes à leurs devoirs religieux. Quant à
« l'observation du dimanche, la plupart tra-
« vaillent souvent, surtout en été ; mais ce n'est
« pas entièrement leur faute, leurs parents ne
« voyant avant tout que leurs intérêts tempo-
« rels. Veuillez, mon Père, être assez bon pour
« me dire ce que vous pensez de tout cela. Je
« suis prête à tout ce que vous déciderez pour
« la plus grande gloire de Marie Immaculée. »

Ce n'est que du haut du ciel qu'elle a pu voir
la réalisation d'un projet qui était si cher à son
cœur d'apôtre.

VI

SA PIÉTÉ FILIALE ENVERS SA MÈRE.

Émilie avait pour sa mère un véritable culte. Elle se plaignait parfois de ne pouvoir lui témoigner comme elle l'aurait voulu son grand amour et sa vive affection. A la nouvelle de la mort si tragique de son cher oncle, Émilie ne peut supporter le froid glacial de son propre cœur qu'elle qualifie d'indifférence vis-à-vis de sa bonne mère; elle gémit de n'avoir aucune larme pour lui exprimer toute la part qu'elle prend à son immense douleur. Après avoir raconté l'horrible drame de la mort de M. le baron de la Tombelle, Émilie continue :

« Je vous laisse à penser, mon père, quelle « a été la douleur de ma pauvre mère, en ap-

3.

« prenant cette nouvelle par les journaux. Que
« dire, que faire, vis à vis de tels événements !
« J'aurais voulu qu'elle vous écrivît ; cela lui
« aurait fait du bien. Je ne sais que faire ; dans
« ces moments-là, je suis à me demander par—
« fois si j'ai un cœur ; je suis là comme une
« espèce de morceau de marbre, ne disant
« rien ; de larmes, jamais d'apparence ! Il
« semble que tout cela ne me fasse plus rien.
« Je souffre parfois beaucoup sur le moment.
« Je ne sais ce que doit penser maman de cette
« espèce d'insensibilité ; ma pauvre mère s'é-
« panche si facilement ; est-ce de ma faute, si
« je suis comme une glace ? Je n'ai que 18 ans,
« et déjà, dans ma famille, neuf personnes sont
« parties pour l'autre monde. La mort des siens
« est toujours bien triste ! Mais, se les voir
« enlever comme mon pauvre oncle, c'est
« épouvantable. Je ne connais pas de mort plus
« affreuse, surtout au point de vue de la foi.
« Dans presque toutes mes communions, je prie
« Notre-Seigneur de pouvoir lui *demander une*
« *dernière fois pardon,* et le recevoir avant de
« mourir. Il n'y a rien dont j'ai plus peur que
« de mourir subitement ! »

Dieu accorda à cette enfant cette grâce si

précieuse, car sa dernière parole fut : « *Pardon, mon Dieu!* »

Dieu prépara à cette chère enfant l'occasion
de donner par des œuvres des preuves non
équivoques de son immense affection pour sa
bonne mère. Madame de Becquincourt, brisée
de douleurs à la nouvelle de la mort de son frère
et accablée de fatigues nécessitées par ses
voyages dans ces tristes circonstances, tomba
gravement malade. Émilie se constitua garde-
malade, elle ne quitta pas « sa chère maman ».
Écoutons les sentiments de son cœur. —
24 novembre 1873.

« J'ai passé vendredi et la matinée de same-
« di, bien gaie et bien joyeuse. Nous étions
« allées à Amiens faire sortir mes frères. Mais,
« à la porte du *Berceau*, Notre-Seigneur m'at-
« tendait avec une couronne d'épines à la main.
« Ma chère maman avait été souffrante toute la
« matinée. J'espérais qu'une bonne nuit à Bil-
« lancourt réparerait tout. Il n'en a pas été
« ainsi malheureusement. Hier, dimanche,
« maman a voulu assister à la messe basse ; elle
« y a souffert beaucoup, à un tel point, que
« c'est à peine si elle a pu revenir au château.
« Je l'ai fait coucher ; malgré cela, ses douleurs

« ne se calmaient pas. Le cœur s'en est mêlé,
« et par deux fois j'en ai vu les conséquences.
« J'ai envoyé chercher le médecin qui nous a
« assuré qu'il n'y avait rien de grave. Pauvre
« mère ! elle a une patience admirable, ne se
« plaint jamais. Lorsque la douleur est trop
« vive, je vois sa figure se contracter. Elle a
« toujours peur que je ne me fatigue à la soi -
« gner ; je ne la quitte pas, je *l'embrasse des*
« *millions de fois,* mais que puis-je faire pour
« calmer ses douleurs ? J'exécute les ordres du
« médecin, mais c'est bien peu de chose. Je
« suis donc, en ce moment, garde-malade et
« maîtresse de maison. Comme je prie bien
« mieux, depuis hier ! Ah ! quand on voit souf-
« frir une mère, surtout une mère comme le
« bon Dieu m'en a donné une, que ne ferait-on
« pas pour lui adoucir ses souffrances ! Que de
« pensées tristes me sont venues pendant cette
« épreuve ! Je me voyais orpheline et con-
« fiée à des mains qui auraient soigné mon
« corps. Mais, ma pauvre âme, que serait-
« elle devenue ! Mon Dieu, disais-je hier à
« Notre-Seigneur, *s'il faut une victime dans*
« *la famille, que ce soit moi qui ne suis utile*
« *à personne ; mais conservez ma mère à*

« *mes pauvres petits frères.* Ils en ont tant
« besoin !

Émilie a dû exprimer ce désir et cette prière
à différentes reprises. Sa pieuse institutrice
n'hésite pas à écrire les paroles suivantes à
madame de Becquincourt, le 10 février 1877:

« Rien ne m'étonne de la part de cette chère
« et si pieuse enfant, et si je ne l'ai connue
« moi-même qu'à un âge où l'on est encore
« naturellement trop étourdi pour posséder
« déjà de solides vertus, du moins j'ai tou-
« jours remarqué en Émilie un grand fonds
« d'amour filial et de tendresse fraternelle
« qui m'expliquent fort bien les beaux senti-
« ments que l'âge et la raison secondés par
« une piété sincère ont développé en elle, alors
« que voyant la vie de sa mère en danger, elle
« a compris le malheur qu'entraînerait pour
« ses chers frères et pour elle-même une pa-
« reille perte. Le sacrifice qu'elle a fait de sa
« vie pour conserver la vôtre, si précieuse, a
« dû nécessairement rester gravé dans son
« esprit et dans son cœur, lorsqu'elle a senti
« que Dieu exauçait ses ferventes prières en
« vous rendant la santé ; et je ne suis nulle-
« ment étonnée de la crainte qu'elle a eue

« depuis d'être trop tôt enlevée à l'amour des
« siens. Elle a dû avoir, cette chère enfant, des
« consolations ineffables au moment de sa
« mort, car Dieu ne saurait laisser sans ré-
« compense même en cette vie, le noble dé-
« vouement dont elle a été la douce victime.
« Aussi, que de bénédictions elle doit main-
« tenant attirer sur vous et sur son époux
« désolé et sur ses chers petits frères ! »

Dans toutes les lettres de cette chère enfant,
on retrouve avec bonheur la même sollicitude,
les mêmes sentiments du cœur le plus aimant,
le plus dévoué ; elle compte pour rien les
fatigues ; elle ne pense qu'à sa chère maman ;
elle ne parle que de sa chère maman ; elle s'en
prend à ses propres péchés ; elle dit que si
elle était bonne, sa maman serait guérie
depuis longtemps. Prières, neuvaines, communions, sacrifices, mortifications de chaque jour,
tout est acquis et offert pour la guérison de
sa bonne mère.

Aussitôt qu'il se déclare un peu de mieux
dans l'état de santé de madame de Becquincourt,
elle est dans la joie de son âme: « Je suis heureuse, » écrit-elle le 19 décembre 1873,
« de pouvoir vous donner de meilleures nou-

« velles de la santé de ma maman. Depuis
« mardi seulement les nuits sont un peu meil-
« leures, et les douleurs ont un peu cessé ;
« l'appétit revient, mais les forces ne sont pas
« encore satisfaisantes... Je vous demanderai
« encore une grâce, mon Père, ce serait de
« dire une de vos trois messes de Noël pour
« maman ; puis, le jour de saint Jean, pour-
« riez-vous la dire pour votre pauvre Émilie,
« Saint Jean est un de nos saints de prédilec-
« tion ; il est aussi un des patrons des Enfants
« de Marie. J'espère qu'il m'obtiendra du
« cœur du petit Jésus sur lequel il a eu le bon-
« heur de reposer, la complète guérison de
« ma chère maman, et surtout, ma conversion.
« Maman désire que j'aille sans elle à la messe
« de minuit ; ne vaudrait-il pas mieux que je
« reste auprès d'elle ? le sacrifice de cette messe
« serait peut-être plus agréable au petit Jésus
« que la communion que j'y ferais ? Qu'en pen-
« sez-vous, mon Père ?... »

S'il y a quelque semblant d'aggravation dans
l'état de sa mère, elle s'alarme, elle s'inquiète :
on suit de loin toutes les impressions de cette
âme si aimante et si dévouée. Au mois de
mai 1874, madame de Becquincourt est de

nouveau menacée par le retour de la maladie.
Émilie écrit : « Vous avez eu par maman bien
« des détails sur la première communion de
« mon bien-aimé petit frère ; aussi, je ne vous
« parlerai pas de cette fête qui nous a rendus
« tous si heureux, mais qui ne m'a pas encore
« beaucoup impressionnée. Je ne sais vraiment
« pas ce qu'il faudrait pour briser ce cœur de
« pierre ; et cependant, tous les jours, Notre-
« Seigneur m'envoie une petite épine de sa
« couronne. Cette épine devrait m'être bien
« sensible, car c'est à ma mère qu'elle
« touche. Vendredi ma mère s'est sentie
« prise de douleurs d'intestins qui ont provo-
« qué des vomissements à plusieurs reprises.
« C'est tout à fait la même chose que la pre-
« mière fois. J'espère cependant que cela ne
« durera pas aussi longtemps. C'est une triste
« fin de mois de Marie ; mais, c'est égal, il faut
« encore remercier la sainte Vierge d'avoir
« permis que cette maladie ne vînt qu'après la
« première communion de Gaston. Quel cha-
« grin pour nous tous et quelle douleur pour
« ma maman de ne pouvoir assister à la grande
« action de son petit Benjamin ! »
Voici quelques réflexions qui montrent com-

bien elle aimait sa chère maman. C'est encore son cœur qui parle.

« Comme Notre-Seigneur a été bon d'a-
« voir envoyé cette indisposition cette an-
« née, au lieu de l'année dernière. Je vous
« demande, mon Père, dans quel état j'aurais
« été là-bas, au Sacré-Cœur, sachant maman
« seule ici et souffrante. Je n'aurais su que
« penser. Ah ! oui, tout ce que Dieu fait est
« toujours bien fait. Sans doute, il est bien
« triste de voir souffrir une mère chérie, mais
« combien il eût été plus triste de la savoir
« souffrante et loin de moi. »

Que peut-on ajouter à ces paroles ? Tous les plus nobles sentiments y sont dépeints. Quelle foi ! Quelle résignation à la volonté de Dieu ! Quel amour pour sa mère !

Émilie fut bien encouragée dans sa si douce charge de garde malade par les lettres qu'elle recevait de ses bonnes Mères du Sacré-Cœur.

« Chère Émilie, lui écrivait madame V., vous
« savez déjà toute la part que le Sacré-Cœur a
« prise à l'alerte que vous a donnée la santé
« de votre si bonne et si pieuse mère. Nos
« prières vous ont suivie, chère enfant, dans
« tous les soins que réclamait cette chère ma-

« lade, et notre Mère tout spécialement a prié
« pour un prompt rétablissement : nous en
« attendons bientôt la nouvelle. »

« Croyez, chère Émilie, écrivait madame W.,
« que je vous suis par le cœur près du lit de
« votre malade chérie, en même temps que je
« vous reste profondément affectionnée et dé-
« vouée dans le cœur de Jésus et dans celui de
« Marie Immaculée. »

VII

Émilie eut par-dessus tout deux grandes dé-
votions, la dévotion au Sacré-Cœur de Jésus
et la dévotion à Marie Immaculèe. Élève du
Sacré-Cœur d'Amiens, elle eut toujours pour
son cher *Berceau*, comme elle le disait, une
prédilection des plus marquées. Son bonheur
était d'y retourner soit pour les retraites, soit
pour les réunions d'Enfants de Marie ; le plus
petit motif la mettait en chemin de fer pour
Amiens. Revoir ses bien — aimées maîtresses
était son rêve de chaque jour. Dans ses lettres,
le nom du Sacré-Cœur y est à chaque page.

Toutes les grâces qu'elle demandait, elle les
faisait passer par le canal de Marie Immaculée
pour les faire arriver au Sacré-Cœur de Jésus.

Sa piété envers le divin Cœur revêtait souvent
un caractère charmant de simplicité. On sentait
que c'était une enfant qui se reposait sur le
cœur de Jésus comme sur le cœur de la plus
tendre des Mères. Dans ses entretiens avec
Jésus on n'y remarquait rien d'affecté, de
gêné ; c'était son cœur qui parlait le langage
du cœur et le meilleur des cœurs écoutait et
accordait ce qu'elle demandait.

Émilie savait engager ses amies à recourir à
cette dévotion dans les épreuves. « Courage, »
écrit-elle à mademoiselle J. d'H., « courage,
« ma sœur chérie, nous sommes dans l'octave
« de la fête du Sacré-Cœur de Jésus ! Notre-
« Seigneur vous envoie une petite croix pour
« vous éprouver, pour voir si vous voulez
« être non-seulement vraie enfant de son cœur,
« mais aussi partager un peu de ses douleurs.
« Si la croix vous paraît trop lourde, trempez-
« la dans cette large ouverture que Jésus vous
« montre du haut de sa croix ; entrez-y avec
« votre petite croix, entrons-y toutes les deux.
« Ah ! il fait si bon dans le cœur de Jésus.
« Il est, vous le savez bien, le meilleur, le
« plus tendre des amis. Personne ne peut
« nous empêcher de parler à ce divin ami ; à Lui

« nous pouvons tout confier, tout demander,
« et tout nous sera accordé. Ah ! que nous
« sommes loin de la perfection des saints !
« Les saints sont avides de souffrances, et nous
« les fuyons. C'est affreux de penser que la
« bienheureuse Marguerite-Marie a tant souf-
« fert dans la communion ; mais nous ne de-
« vons pas craindre de pareilles épreuves,
« nous ne sommes pas assez saintes pour
« cela. »

Émilie aimait les sanctuaires consacrés au
divin Cœur de Jésus. Paray-le-Monial, Issoudun reçurent les secrets de son cœur. Ne le-
vons pas le voile, c'est le secret de Dieu ! Un
mot d'Issoudun nous révèle bien des mystères.
« Il faisait bien bon de prier à Issoudun,» écri-
vait-elle, « tout y était si calme. Je me croyais
« dans notre chère chapelle du Sacré-Cœur. »

Sa dévotion à Marie Immaculée se manifeste
aussi dans toutes ses correspondances. Elle ho-
nore d'un culte tout spécial les sanctuaires de
notre bonne Mère. Elle ne laisse passer aucune
fête de Marie sans s'approcher des sacrements.
Le mois de mai est pour elle le plus beau de
l'année. Aussi ne doit-on pas s'étonner de son
grand désir de le célébrer comme il le mérite ;

elle le manifeste quelque peu vivement dans sa correspondance avec une amie.

« Figurez-vous, écrit-elle, qu'ici on ne fait
« pas le mois de Marie ! c'est une indignité,
« n'est-ce pas ? L'année dernière, avec le con-
« cours de M. le curé, et de quelques jeunes
« filles auxquelles j'apprenais des cantiques,
« on avait commencé à faire un salut tous les
« dimanches ; et puis, on chantait un cantique
« à la fin. Cette année, je ne sais pas trop com-
« ment nous allons faire, si on continuera les
« dimanches à chanter un simple salut, ou
« bien si on ajoutera un jour dans la semaine.
« Il faut tant de précautions pour réussir dans
« toutes ces choses-là, maintenant où le peuple
« est moins porté que jamais aux choses reli-
« gieuses. Enfin, tout pour la gloire de Dieu et
« de notre Mère, n'est-ce pas ? On fait ce qu'on
« peut ; si personne ne veut en profiter, tant
« pis !... »

C'est surtout dans son pèlerinage à Notre-Dame de Lourdes qu'éclate sa tendre dévotion envers la Mère de Dieu. Voici les dispositions dans lesquelles elle entreprend son pèlerinage.

« Ce n'est pas tout », écrit-elle le 12 août

« 1874, » de faire ce voyage, il faut que mon
« âme surtout profite de ce pèlerinage. Je ne
« sais pas, en vérité, ce que je vais demander
« à la Sainte Vierge; j'ai beaucoup à deman-
« der, mais la grâce principale, la plus néces-
« saire à mon âme, je ne la connais pas. Je
« laisserai le choix à Marie; elle sait mieux
« que moi ce qu'il me faut. Peut-être, mon
« Père, le savez-vous ? Oh ! je vous en prie,
« dites-le moi !.»

Voici en quels termes Émilie rend compte
de ses impressions de Lourdes.

29 septembre 1874. « A Lourdes, on est
« comme électrisé, il semble qu'on n'est plus
« sur la terre, c'est un petit rayon du Ciel qui
« tombe sur l'âme. J'ai eu la permission de
« communier tous les jours que je passerais à
« Lourdes. Vous pensez bien, mon Père, que
« je ne me le suis pas fait dire deux fois ; j'é-
« tais folle de bonheur. Ah ! comme j'ai bien
« prié à Lourdes! J'y étais si heureuse ! Tout y
« était si facile. Le soir surtout, quand nous
« allions dire notre chapelet à la grotte, il y
« faisait si bon ! J'y serais restée toute la nuit.
« C'était le soir que je faisais toutes mes
« demandes à Marie. Parmi les grâces que je

« demandais à la Sainte Vierge, celle de me
« faire connaître la volonté de Jésus et la
« sienne a été celle que j'ai le plus demandée.
« En quittant Lourdes, il me semblait que
« j'étais dans un désert. Je ne pouvais plus
« prier; tout dans mon âme était à la déban-
« dade ; tout m'ennuyait. J'ai été dans cet état
« une quinzaine de jours... Maintenant, mon
« âme, quoique bien refroidie en comparaison
« de ce qu'elle était à Lourdes, se ranime au
« souvenir du séjour trop court aux pieds de
« l'Immaculée. Je ne puis plus penser qu'à
« Lourdes ; mon corps n'y est plus, mais mon
« cœur y reste toujours. »

« Dimanche, j'ai fait venir mes petites chan-
« teuses. Je leur ai donné naturellement
« quelques petits souvenirs de mon pèleri-
« nage. Je leur ai raconté quelques miracles,
« les personnes que nous y avons vues, ayant
« été guéries quelques jours avant notre ar-
« rivée : tout cela sur un ton un peu enthou-
« siaste, de sorte que ces pauvres enfants
« étaient toutes émues. Elles ont tout raconté
« à leurs parents ; tout le village n'est occupé
« que de Notre-Dame de Lourdes. Il y a une
« ou deux personnes infirmes, qui font des neu-

« vaines pour être guéries. On s'arrache les
« livres que j'ai donnés ; les enfants viennent
« me demander des médailles jusque dans
« l'église. Enfin, c'est un bon moment qui
« commence ; s'il pouvait produire des fruits,
« combien je serais heureuse. Je vous deman-
« derai, mon Père, de vouloir bien unir vos
« prières aux nôtres pour obtenir de la sainte
« Vierge, sinon une guérison miraculeuse,
« au moins une grâce de conversion pour
« quelques âmes, Je suis sûre que s'il y avait
« ici une personne guérie miraculeusement,
« il y aurait aussi des conversions, parce qu'il
« y a encore de la foi dans mon pauvre Billan-
« court ; mais, comme un peu partout, le res-
« pect humain et l'indifférence éloignent bien
« des âmes qui comprennent leur malheur,
« mais n'ont pas le courage de braver un sou-
« rire pour accomplir leur devoir. »

4

VIII

SON MARIAGE.

A Lourdes, Émilie avait demandé au Cœur de
Jésus, par l'intercession de Marie Immaculée, la
lumière au sujet de sa vocation. Elle avait
compris, disait-elle dans une lettre, qu'elle
était appelée à la vie de famille. A partir de
cette époque, elle n'eut plus aucune hésitation
sur son avenir. Le moment était venu ; un
parti lui était présenté, elle devait se prononc-
er. Voici en quels termes elle annonce la
grande nouvelle qui la préoccupe.

25 février 1875. « J'étais loin de penser en
« vous écrivant la dernière fois que j'aurais
« dans ma prochaine lettre à vous parler de
« mon mariage. Maman vous aura dit que j'a-
« vais accepté sans peine la proposition qui

« m'a été faite. La perspective d'habiter Paris
« une grande partie de l'année m'effraie ; mais
« il y a des sacrifices partout ; et la femme
« d'un ami du Saint-Père doit savoir faire des
« sacrifices. Que me réserve l'avenir ? Les
« temps sont bien mauvais en France et à
« Rome. Aurai-je le courage de dire à mon
« époux : *Partez pour Pie IX ? Oui*..... Il me
« tardait de vous dire, mon Père, mes espé-
« rances et mes craintes. Mes craintes, vous les
« connaissez : ma plus douce espérance, c'est
« de penser que les faveurs de Pie IX pour
« mon mari déteindront un peu sur moi, et
« que j'aurai peut-être le bonheur de pouvoir
« recevoir sa bénédiction et la sainte commu-
« nion de sa main. Une de mes peines est de
« laisser seule ma mère chérie à Billancourt ;
« mais je ferai tout mon possible pour être
« avec elle le plus que je pourrai. »

« Je ne demande qu'une chose: c'est d'ac-
« complir la volonté de Dieu. Je compte faire
« une petite retraite au Sacré-Cœur. Je me
« prépare par la prière au grand jour. Que
« notre futur ménage soit un autre Nazareth ;
« c'est le vœu que j'adresse à la sainte Vierge
« et à saint Joseph. »

Dans une autre lettre, Émilie résume ainsi tous les motifs qui la portent à contracter l'alliance qu'on lui propose.

« 25 mars. « M... est si bon ! C'est un vrai « fils pour ma mère. Elle l'aime comme un « quatrième enfant. Pour moi, c'est un ami si « tendre, si dévoué ; il faudrait avoir un cœur « de roche pour ne pas l'aimer. Oui, je l'aime « autant qu'il est possible d'aimer ; parce qu'il « est un bon chrétien, un chrétien fervent et « généreux, dévoué de cœur et d'âme à la « sainte Église et à son Chef visible, ayant une « âme droite, simple et toujours prête à partir « pour l'autre monde...... Jeudi, il est venu « faire ses Pâques avec nous, en ayant obtenu « la permission de Monseigneur. Ce jour-là, « en même temps que nous communiions, « Pie IX, à Rome, nous donnait sa bénédiction « et nous unissait au nom de l'Église. Cette « heureuse coïncidence que nous n'avions nul- « lement recherchée, est bien, ce me semble, « une preuve que cette union est la volonté de « Dieu !...... Voyez, mon Père, quelle garantie « de bonheur Notre-Seigneur m'envoie. Je « ferai ma retraite vers le 20 avril. Priez bien « pour moi. »

Le saint jour de Pâques, mademoiselle
Émilie de Becquincourt recevait de celui qui
devait devenir son heureux époux, une lettre
que nous ferons suivre de sa réponse. M. le
comte Gabriel de Caix de Saint-Aymour nous
permettra de soulever le voile de son bonheur
passé, de ses espérances évanouies. Qu'il nous
permette de l'unir, dans ces quelques pages
qui nous restent à écrire, à Celle qui fut trop
peu de temps, hélas! sa compagne si dévouée,
à Celle qu'il a tant aimée et dont le souvenir
seul le soutient aujourd'hui.

Paris, samedi saint 27. 3. 75.

MADEMOISELLE,

« Écrire pour la première fois à une per-
« sonne qu'on aime bien, qu'on aime beau-
« coup, qu'on aimera toujours, est chose très-
« douce, il est vrai, mais assez difficile. Je ne
« puis, en effet, vous exprimer par écrit tout
« ce que mon cœur renferme de respectueux
« attachement, de tendre affection pour vous
« qui, grâce à Dieu, et avec le consentement
« de votre excellente Mère, deviendrez bientôt

« la confidente la plus intime des sentiments
« que je vous ai voués. Je prie Dieu de me
« rendre digne de vous, Mademoiselle, et de
« vous rendre heureuse autant qu'on peut
« l'être ici-bas. Nous avons eu les mêmes cha-
« grins, nous aurons les mêmes joies, et nous
« apprécierons ensemble tout le prix de la
« vie réelle, c'est-à-dire de la vie de famille.
« Bénis par ceux que nous pleurons et qui
« assureront notre bonheur ; nous nous par-
« tagerons les caresses de nos mères pour les-
« quelles nous aurons le même dévouement,
« la même reconnaissance. En attendant,
« Mademoiselle, que je puisse déposer respec-
« tueusement sur votre main l'expression des
« sentiments que j'ose vous exprimer ici bien
« imparfaitement, veuillez me croire de près
« comme de loin

« Bien à vous pour toujours. »

Billancourt, 6 avril 1875.

MONSIEUR,

« Comment vous exprimer et le bonheur de
« vous écrire et la douleur de ne plus vous

« avoir près de moi, car, vous savez combien
« je vous aime ; et vous pouvez juger de la
« peine que j'ai éprouvée en vous voyant
« partir. Aussi, suis-je allée trouver Notre-
« Seigneur, afin qu'Il me console de cette
« séparation si pénible pour mon pauvre cœur.
« Je Lui ai confié tout ce que j'avais de plus
« cher, et je suis revenue de ma petite visite
« plus courageuse et plus résignée. Il fait si
« bon de se reposer sur le cœur de Jésus,
« quand on souffre. Encore trois jours sans
« vous voir, que c'est long ! Le temps
« passe si vite, lorsqu'on est ensemble, et si
« lentement quand on attend une personne
« aussi chère que vous me l'êtes. Mais, cette
« grande épreuve, si petite à côté de celles que
« nos mères ont passées, nous donne l'occasion
« de faire quelque chose pour Dieu qui a tant
« fait et qui fait tous les jours tant pour notre
« bonheur. Puisse-t-il me rendre toujours
« digne de vous, Monsieur, et ne jamais vous
« causer la moindre peine, non plus qu'à
« madame de Caix que j'aime et regarde déjà
« comme ma Mère. A bientôt, Monsieur, le
« bonheur de vous revoir. Je dépose dans le
« cœur de Jésus et dans celui de Marie tous

« les sentiments que le mien renferme pour
« vous. A vous pour toujours. »   .   .   .   .

. . . .

. . . .

Paris, 7. · 4 75.

Mademoiselle,

« Lorsque, pour la première fois, ces jours-
« ci, je prenais la plume, afin de vous expri-
« mer tout mon bonheur, je ne pouvais pas
« encore vous donner le doux nom d'Épouse.
« Dieu me réservait cette faveur, par l'organe
« de notre bien-aimé Pontife et Roi, qui a dai-
« gné nous unir, dans l'Esprit de la sainte
« Église, en signant, le 25 mars dernier, notre
« supplique, et en comblant mes vœux les
« plus chers par ces mots écrits de sa main :
« *Benedicat vos Deus et custodiat!* » La joie
« que j'éprouve au fond du cœur, de cette
« bonne nouvelle, est cependant altérée par
« notre séparation, momentanée, il est vrai,
« mais dont je ressens l'amertume. Votre ai-
« mable lettre reçue ce matin, à mon réveil, a
« répandu en moi le délicieux parfum du sou-

4

« venir le plus tendre. Mon affectueux dévoue-
« ment vous est acquis pour toujours, et je
« me félicite de vous assurer respectueusement
« de ma profonde reconnaissance pour votre
« première missive. J'y répondrai de vive
« voix ;... en attendant, Mademoiselle, mon
« esprit est tout à vous et ma pensée ne vous
« quitte pas.

« Je vous ai envoyé aujourd'hui deux petites
« caisses. Elles contiennent des statuettes de
« Notre-Dame de Lourdes. Il en est une, la
« plus grande, pour la chapelle future de *notre*
« excellente mère. Veuillez lui offrir de ma
« part, ce modeste souvenir. Une autre petite
« statuette, en terre cuite blanche, veillera,
« Mademoiselle, sur la tombe de votre cher
« père ! Elle sera l'hommage filial et perpétuel
« que je rends à sa mémoire. *Il nous a donné*
« *l'exemple !*... Je ferai en sorte, avec l'aide de
« Dieu, de pratiquer ses vertus, et de rendre
« parfaitement heureux ceux qui étaient l'objet
« de sa tendresse . . . .
«   . . . . »

Avant de donner la réponse d'Émilie, nous
devons révéler ici, en passant, un aveu que
nous fit un jour monsieur le comte de Caix.

« Lorsque je suis allé pour la première fois à
« Billancourt, me disait-il, je ne connaissais
« pas de meilleur chemin pour me rendre au
« château que celui qui passe par le cimetière !
« Je désirais, avant de faire ma demande à
« madame de Becquincourt, prier sur la tombe
« de celui qui fut le modèle des Époux et le
« meilleur des pères. Je désirais le prier de
« m'accorder la main de sa fille, et de me
« rendre toujours digne de celle dont je con-
« naissais toute la bonté du cœur et les qualités
« de l'esprit. J'ai toujours aimé à m'entretenir
« avec ceux qui ne sont plus. C'est une douce
« habitude, et bien m'en a pris ; car, je suis
« le plus heureux des hommes. J'ai toujours
« beaucoup apprécié l'entretien de la Mort.
« C'est donc à la Mort que j'ai demandé la Vie,
« et je vis aujourd'hui avec la Perfection pour
« compagne ! »

Pauvre ami ! Plaise à Dieu de lui faire supporter l'immense sacrifice qu'Il lui a imposé au
comble de son bonheur et le coup terrible dont
Il s'est plu à le frapper !

Billancourt, 8 avril 1875.

MONSIEUR,

« Je viens de recevoir votre excellente lettre,
« et je m'empresse, mon très-cher Gabriel, d'y
« répondre, afin de vous dire de suite tout
« mon bonheur, en apprenant que Pie IX a
« signé lui-même notre supplique. Je l'avais
« bien deviné. Il me semblait impossible que
« le Saint-Père ne donnât pas cette marque
« d'affection à son « *Saint Amour du Pape !* »
« Cette bonne nouvelle me rend toute joyeuse
« autant que je puis l'être sans vous avoir près
« de moi et à quelques heures du départ de
« nos petits frères. Billancourt est si triste
« quand vous n'y êtes plus. Que demain et une
« partie de samedi vont me paraître longs !
« C'est vendredi le jour du Sacré-Cœur ; j'irai
« me cacher dans le cœur du bon Maître. Là,
« le temps passera plus vite. Samedi, ce sera
« dans celui de la Sainte Vierge. Je vous y
« mettrai afin que vous m'arriviez sain et
« sauf .   .   .   .
     .   .   .   .

24 avril... « Mon très-cher Gabriel, en écri-
« vant hier à ma mère je n'ai pu résister à la
« tentation de vous envoyer un souvenir.
« Aussi, est-ce pour cela que je vous ai cueilli
« ces petites fleurs. La pensée que ce matin
« vous auriez à votre réveil une surprise qui
« ne vous déplairait pas trop, m'a mis un peu
« de baume dans le cœur. J'en avais bien be-
« soin. J'étais et je suis si triste. Ma première
« pensée, ce matin, a été pour vous. Elle a été
« bien triste, car je me suis souvenue que ce
« que je croyais un rêve était malheureuse-
« ment une cruelle réalité. Alors, à votre
« exemple, j'ai élevé mes pensées plus haut et
« j'ai dit : « Mon Dieu, Vous ne me demandez
« ce sacrifice que pour me rendre dans quel-
« ques jours plus heureuse ; Vous avez bien
« autrement souffert pour moi ; il est bien juste
« que je fasse aussi quelque chose pour Vous.
« Je Vous offre donc ce sacrifice de tout mon
« cœur pour Vous remercier de toutes les
« grâces que Vous me faites et pour obtenir
« celle de rendre toujours heureux celui que
« Vous avez bien voulu m'envoyer dans votre
« bonté pour être mon conducteur, mon guide
« et mon soutien. O Marie ! ô notre bonne

« Mère, bénissez-nous et donnez à Votre petite
« enfant beaucoup de courage !... »

   « Voilà, mon cher Gabriel, la prière que votre
« Émilie fera, chaque fois qu'elle sera par trop
« triste. Quand vous n'êtes pas là, je ne suis
« bien qu'à l'église auprès du divin consola-
« teur, et lorsque je prie pour vous. Demain,
« quand vous recevrez cette lettre, je serai à
« la messe où je communierai pour vous... »

   « Je suis bien égoïste, il me semble, je ne
« parle que de moi. La première chose à vous
« dire cependant, était de vous demander des
« nouvelles de votre voyage. J'espère que vous
« serez arrivé à Paris sans trop d'ennui et de
« fatigue. Je ne crains qu'une chose pendant
« ces dix jours, c'est que vous ne vous
« mettiez sur les dents et que vous ne me re-
« veniez malade. Je vous en supplie, ména-
« gez-vous. J'aimerais mieux être privée de
« vous un ou deux jours, ou davantage, plutôt
« que de vous savoir fatigué. Soignez le fils de
« nos mères et le mari chéri de votre femme !

. . . .

. . . .

L'éloignement de Billancourt de M. le comte
de Caix s'explique par les achats de la corbeille

et les formalités à remplir antérieures au mariage qui le retenaient à Paris. Nous continuerons donc de reproduire ici une partie de la précieuse correspondance que nous avons sous les yeux.

Paris, 25. 4. 75.

MA BIEN CHÈRE ÉMILIE,

« Hier, je vous écrivais vite et mal : j'étais
« chez un bijoutier ! C'est mon excuse. Ma
« précipitation à vous adresser quelques lignes,
« vous demandant de faire cesser mon hésita-
« tion, de fixer mon choix est pardonnable,
« n'est-ce-pas ? Mon unique désir est de vous
« être agréable. Aujourd'hui, je n'ai pas la
« prétention de vous écrire mieux, mais j'ai
« celle de vous écrire moins vite. Je trouve
« mon papier préférable ; je reprends ma plume
« habituelle.

« J'ai reçu vos petites fleurs. L'éloignement
« ne leur a point enlevé leur parfum. Elles
« ont parlé pour vous, ma chère Émilie, et le
« doux souvenir qu'elles représentent, me
« rendent vos pensées encore plus chères.

« Vous savez que les miennes sont toutes à
« vous ; que pour vous, elles seront toujours
« en fleurs. Je ne puis, hélas ! vous les trans-
« mettre en réalité, ni même au figuré. Notre
« petit jardin est bien vide ; il est tout triste
« de votre absence, et moi aussi. L'herbe
« pousse lentement, et nos violettes se cachent
« encore, attendant votre main pour les cueil-
« lir. Le printemps aura beau faire, nos ro-
« siers ne fleuriront que pour fêter votre pré-
« sence.

« Je vous remercie, ma chère Émilie, de
« prier pour moi. Nous trouverons toujours
« dans la prière un adoucissement à nos peines
« et la véritable joie dans notre intérieur. Quel
« bonheur pour moi de penser que je dois
« vous rendre heureuse et que ce devoir est
« basé sur votre volonté, qu'il en soit ainsi.
« Nous vivrons à l'ombre de l'autel, orné de
« vos vertus, et par les soins de votre sainte et
« excellente mère. Nous prendrons souvent
« ensemble notre part au divin banquet ; nous
« causerons avec ceux qui ne sont plus ; nous
« penserons aux absents et nous dirons pour
« ceux qui nous sont chers le Souvenez-vous
« quotidien. '

« Je vous remercie pour la surprise aimable
« que vous me réserviez pour ce matin. Je
« reconnais bien là ma très-chère Émilie. Vos
« lettres seront toujours pour moi tout un
« bouquet. En lisant votre style, je crois vous
« entendre parler. Je vous permettrai d'être
« égoïste lorsque vous me parlerez de vous. De
« mon côté, j'aurai l'égoïsme de votre bonheur.
« Je vous aime tant !... Les sentiments que
« vous m'exprimez ne sont-ils pas permis !
« Ils partent de votre cœur, et votre cœur est
« si bon !

« Mon voyage s'est effectué sans accident ;
« la Compagnie du Nord n'y est pour rien ;
« j'étais seul dans le compartiment et qui plus
« est : de fort mauvaise humeur ! Loin de vous,
« je serai toujours tel. Je vous reviendrai en
« bonne santé, oubliant l'ennui sur la route, la
« fatigue en wagon. Je ne ménagerai rien pour
« me rapprocher plus vite de vous, et je soi-
« gnerai, suivant votre désir, le fils de *nos*
« mères et votre tout dévoué et très-affectueux
« serviteur.. . . . .

. . . .

Sur la proposition qui fut faite à notre chère
Émilie de posséder parmi ses parures et bijoux,

un collier en diamants et perles fines qui l'aurait obligée à se décolleter, l'ancienne élève du
Sacré-Cœur d'Amiens fit une réponse digne
d'une Enfant de Marie et que pourraient médi-
ter utilement toutes les jeunes filles appelées
à vivre dans le monde. « Non, mon très-cher
« Gabriel, je ne me décolleterai pas plus après
« mon mariage qu'avant, à moins que vous ne
« le désiriez, ce que je ne crois pas. Ainsi le
« vrai collier ne me servirait aucunement. »

A cette belle réponse qui révèle toute la simplicité de la jeune fille et la pureté de ses intentions, son très-cher Gabriel crut devoir
ajouter : « Votre réponse est parfaite. Je vous
« approuve dans votre excellente résolution.
« Je ne pouvais désirer qu'il en fût autrement.
« Votre réponse n'est que la confirmation de
« ma pensée. Dieu en soit loué !... »

Avant de quitter Billancourt pour entrer en
retraite, Émilie écrit encore ces lignes, en date
du 27 avril :

« Mon cher Gabriel, votre excellente missive
« que j'ai reçue hier m'a fait un bien et un
« plaisir immenses. Déjà votre petit mot de
« dimanche m'avait prouvé que vous étiez
« arrivé à Paris sain et sauf, et c'était un grand

« point pour moi. Ce n'était cependant qu'une
« lettre d'affaires;... mais, hier!... ah ! que
« Dieu est bon de me donner un mari comme
« vous. Il faut que Notre-Seigneur m'aime
« bien pour me faire une telle grâce, et qu'ai-je
« fait pour cela ? Comme notre petit jardin de
« Paris, celui de Billancourt ne donnera ses
« lilas que pour fêter votre retour. Il fait si
« beau ; pourquoi n'êtes-vous pas auprès de
« moi pour jouir ensemble de la première ver-
« dure et du gazouillement des petits oiseaux.
« Hélas ! pendant qu'ils chantent, moi, je dé-
« chante !... Encore *cinq jours*, nous ne
« sommes qu'à la moitié de notre séparation.
« Dieu, que c'est long !... C'est demain vers
« les quatre ou cinq heures que j'entrerai en
« retraite. Je ne sais pas, en vérité, comment
« je vais m'en tirer. J'y apporterai toute ma
« bonne volonté, et puis, ce sera au bon Dieu
« à faire le reste. Il va sans dire que je compte
« avant tout sur vos prières et sur celles de
« ma mère ; oserais-je vous demander de prier
« le R. P. S. et le R. P. L. de vouloir bien
« dire leurs messes à mon intention, samedi,
« 1er mai, jour de la clôture de ma retraite ?
« C'est une grande grâce que celle de faire une

« retraite, surtout au moment d'entrer dans
« une nouvelle vie. Les devoirs d'une femme
« et d'une épouse chrétienne sont sérieux, et
« pour les accomplir comme je le devrai, afin
« de rendre heureux ceux qui m'entoureront,
« il faut que je les connaisse bien à fond, afin
« d'être une femme chrétienne selon le Cœur
« de Jésus . . . .
«   . . . .

« Je suis bien bavarde, il me semble. C'est
« un défaut à ajouter aux autres. Que voulez-
« vous ? quand je suis avec vous, n'importe
« comment, je ne puis plus en finir. J'ai tou-
« jours quelque chose à dire à mon mari
« bien-aimé. C'est tout naturel, n'est-ce pas ?
« Je compte sur une lettre de vous, dimanche.
« Je vais faire une rude pénitence. Elle
« pourra bien compter pour la *discipline.*
« Qu'en dites-vous ? Avez-vous reçu un nou-
« veau bref de Rome ; combien il me tarde
« de l'avoir ; notre chère mère sera si heu-
« reuse ! . . . .
«   . . . .

« Maman recevait hier une lettre de M. le
« curé de Marœuil qui lui disait que le 12 *mai,*
« c'était le jour de l'*Adoration,* à Marœuil.

« et que la grand'messe, à dix heures, sera
« célébrée pour nous. Voyez, mon cher Ga-
« briel, si Dieu ne semble pas prendre plaisir
« à semer ses grâces sous nos pas ! Oh !
« quelle reconnaissance nous Lui devons ! et
« comment pourrions-nous ne pas être heu-
« reux ! C'est impossible ! Maman écrira ces
« jours-ci à Lourdes pour faire dire à notre
« intention une neuvaine de messes, qui finira
« le 12. »   .   .   .   .

.   .   .   .

.   .   .   .

Le bref pontifical auquel Émilie fait allusion, et qui devait rendre si heureuse madame de Becquincourt, était un bref sollicité
par monsieur le comte Gabriel de Caix de Saint-
Aymour, en sa qualité de camérier secret de cape
et d'épée de Sa Sainteté le pape Pie IX, et dans
le but de convertir la chambre de jeune fille
de sa future épouse, en chapelle, avec la faveur insigne de la très-sainte Réserve. Les
désirs de l'excellente enfant et de sa pieuse
mère furent exaucés. Indépendamment de la
très-sainte Eucharistie qui se trouve conservée
nuit et jour dans cette charmante chapelle, la
messe peut y être célébrée chaque jour, l'autel

est privilégié et de précieuses indulgences y
sont attachées.

Émilie comptait sur une lettre pour le dimanche. Elle la reçut.

Paris, 30. 4. 75.

« MA BIEN CHÈRE ÉMILIE,

« Je n'ai point écrit une excellente lettre,
« mais c'est bien vous, qui avez un excel-
« lent cœur... J'ai pensé à vous, comme tou-
« jours du reste, ces jours-ci, durant votre
« retraite. Des cierges ont brûlé et brûlent
« encore à vos intentions; des messes ont été
« et seront dites, suivant vos désirs. Il me
« tarde de vous revoir. J'espère que la *disci-*
« *pline* du Sacré-Cœur n'a pas été trop ri-
« goureuse pour son ancienne élève, et que
« je la retrouverai fraîche et rose, comme par
« le passé. Quant à moi, le temps ne m'a
« laissé aucun loisir; il fauchait mes instants
« de jour et de nuit avec une rapidité fié-
« vreuse. Je ne regrette pas de vivre si vite,
« puisque je vais me retrouver, dans quelques
« heures, rapproché de vous.

« Vivre loin de vous, c'est glaner par-ci
« par-là l'impatience, la contrariété, la mau-
« vaise humeur... Ce sont moments perdus
« pour mon bonheur. Quel égoïsme! La vie
« est si courte que je prie Dieu de ne pas
« permettre que je me sépare trop souvent de
« mon aimable compagne. Loin de vous, ma
« bien chère Émilie, mes idées sont en
« deuil.

« Je ne vous cacherai pas que je suis assez
« fatigué. Aussi vous demanderais-je la per-
« mission de revenir à Paris, mardi prochain.
« J'ai encore beaucoup à faire ici. Je me lève
« et me couche à des heures inavouables... où
« tous les honnêtes gens reposent d'habitude.
« Enfin, votre souvenir me soutient et mes
« meilleures pensées se reportent sans cesse
« vers Billancourt.

« Il est nécessaire que j'aille à Corbie,
« et je n'ai pas le don de la bilocation. Nous
« ne sommes plus au temps des fées auxquelles
« je n'ai jamais cru. L'aigle de saint Marc m'a
« fait sourire. Ce bon saint avait, paraît-il,
« plus de prédilection pour son lion. Saint
« Jean n'est pas jaloux. Oserais-je vous assurer
« que par le temps qui court, bien des lions

« ne sont pas des aigles ; et bien des aigles ne
« valent pas grand'chose. »   .   .   .   .   .

.   .   .   .

Le grand jour approchait ; tout réussissait à
souhait. « Nous avons un Bref unique, écrivait
« Émilie le 25 avril, par lequel le 25 mars der-
« nier, Pie IX nous unissait au nom de l'Église ;
« et lequel Bref, le Saint-Père l'a non-seulement
« signé de sa main, mais il a écrit ces mots :
« Que Dieu vous bénisse et vous conserve. »
« Certes, il y a de quoi être bien heureuse ! »

.   .   .   .

« Ma belle-mère est une sainte ; en elle je
« retrouve tout à fait maman ; ainsi, c'est tout
« vous dire. Dans ce mariage tout arrive
« comme je le désirais .   .   .   .

« Mon mari a les mêmes goûts pour tout, en
« tout, que moi, les mêmes idées ; c'est la per-
« fection... Eh bien ! j'ai un pressentiment que
« ce bonheur que j'entrevois ne sera pas de
« longue durée ; qu'à côté de la joie il y aura
« une rude épreuve. La mort peut-être passera
« au milieu de nous dans peu de temps ! Peut-
« être Dieu me destine-t-il à de grands sacri-
« fices ? Est-ce une tentation du démon ; est-ce
« un avertissement de Dieu : je l'ignore ; mais

« ces pensées m'attristent profondément! C'est
« le 12 mai, le grand jour. Je le crains et le désire
« tout ensemble. J'entre en retraite mercredi
« au Sacré-Cœur, priez pour votre enfant. »

Deux jours après, mademoiselle J. d'H....
recevait d'Émilie une lettre dont nous ex-
trayons les passages suivants :

« Oui, ma bonne Jeanne, je vais me ma-
« rier avec M. le comte Gabriel de Caix de
« Saint-Aymour, dont la famille, que vous con-
« naissez peut-être, est originaire de Picar-
« die. Ce jeune homme a perdu son père. Il
« a encore sa mère qui est une sainte et
« excellente femme. Quant à M. de Caix,
« c'est un *blanc et jaune* dans toute l'accep-
« tion du mot; il est camérier secret de
« Pie IX; et il faut l'entendre parler de ce
« grand Pape prisonnier et outragé tous les
« jours! Son dévouement au Saint-Siége lui a
« valu l'affection toute particulière de Pie IX
« qui l'a surnommé en jouant sur son nom :
« *le Saint Amour du Pape.* » . . . . . .

 . . . .

« Enfin, en lui je trouve tout et bien au-dessus
« de ce que je desirais. Je suis enchantée et je
« ne doute pas que je ne sois très-heureuse.

5

« C'est après Dieu, à la sainte Vierge et à saint
« Joseph que je dois tout mon bonheur. »

Avant d'entrer en retraite, Émilie avait écrit
un mot à ses amies pour leur recommander le
succès de cette chère retraite. Elle veut la faire
sérieusement pour se préparer à la grande
action du 12 mai. C'est l'esprit de foi qui domine toutes ses pensées ; elle veut se présenter
au sacrement du Mariage, parée de toutes les
forces du cœur, de toutes les énergies de la
volonté, de toutes les suavités de la douceur.
Son idéal à elle, se réalise dans ces deux pensées. Être la digne compagne de celui que
la main de Notre-Dame de Lourdes lui des-
tine pour époux ; être l'ange de la nouvelle
famille qu'ils vont constituer. Ces deux pensées résument toutes les aspirations de son
âme, et sont comme le programme de sa
retraite dans laquelle elle puisera lumière et
force, confiance et courage. Elle sort des
saints exercices, armée des vigueurs de la
foi et des saintes flammes de la charité la
plus ardente pour son Dieu et pour son futur
époux.

Trois jours avant son mariage, Émilie reçut
du Sacré-Cœur, de son cher *Berceau*, une lettre

qui réveilla en son âme tout un monde de bien doux souvenirs. Ces quelques lignes témoignent en même temps de la vive affection que lui portaient ces âmes généreuses qu'elle appelait avec tant de bonheur ses bonnes Mères du Sacré-Cœur :

Amiens, 9 mai 1875.

« Notre bonne et digne Mère me charge, ma
« chère Émilie, de vous dire que votre lettre
« lui a montré une fois de plus que votre cœur
« est celui d'une Enfant du Sacré-Cœur ; élevée
« à l'école de ce cœur si bon, si délicat, si re-
« connaissant. Vous allez le lui prouver encore
« davantage, en entrant dans votre nouvelle
« vie avec toutes les pensées, tous les motifs de
« la foi ; avec une ferme résolution d'en remplir
« courageusement tous les devoirs quelque
« pénibles qu'ils vous paraissent. Vous êtes
« venue chercher lumière et force auprès du
« divin Cœur, vous ne pouvez en manquer dans
« ce pas important que vous allez faire. Vous
« devez compter sur les prières de toutes nos
« bonnes Mères et anciennes Maîtresses ; de
« notre révérende Mère madame d'O..... de

« notre digne et si bonne Mère, de madame R.,
« de toutes enfin ; qui pourrait vous oublier
« le 12 ? Je suis sûre que notre bonne Mère W.,
« maintenant à Paris, pensera aussi à vous.

« Nous espérons vous revoir souvent, chère
« Émilie, et toujours de plus en plus une sé-
« rieuse et forte chrétienne, toute dévouée à
« Dieu et au prochain. Je m'unis à notre Mère
« et à toutes vos Maîtresses pour vous assurer
« encore de nos prières et de l'affectueux inté-
« rêt que nous vous avons voué dans les divins
« Cœurs de Jésus et de Marie. »

                                        « M. C. »

Le grand jour était arrivé. M. le comte Gabriel
de Caix de Saint-Aymour et mademoiselle Émilie
de Becquincourt voulurent recevoir le sacrement de Mariage en fervents chrétiens et en
véritables enfants de l'Église Catholique, Apostolique et Romaine. Personne mieux que madame de Becquincourt ne peut faire le récit de
cette pieuse et si touchante cérémonie. Quelques
jours après le 12 mai, elle écrivait ces lignes
dans lesquelles dominent l'Esprit de foi et le cri
d'un cœur reconnaissant envers l'Auteur de si
grands bienfaits :

« Oh ! oui, le bon Dieu a béni, j'en suis sûre,

« une union si chrétienne. Le jour de la céré-
« monie, les choses se sont passées de la ma-
« nière la plus édifiante. Monseigneur Bataille,
« évêque d'Amiens, délégué par le Souverain
« Pontife, a béni les jeunes époux ; et, dans une
« allocution des plus touchantes et des plus
« paternelles, Sa Grandeur leur a rappelé leurs
« devoirs pour assurer leur bonheur. Le R. P.
« Collin a célébré la sainte messe, et les deux
« petits frères René et Gaston la lui servirent
« comme enfants de chœur. Le plus grand re-
« cueillement fut observé pendant la cérémonie
« religieuse, malgré la grande affluence de
« monde que la présence de Monseigneur avait
« attirée. Le temps était splendide. Il semblait
« vraiment que le bon Dieu donnait ainsi une
« marque de la satisfaction de son cœur dans
« cette union si chrétienne. Le matin, M. le
« comte, Émilie, René, Gaston et moi nous avons
« assisté à une messe célébrée par M. le curé à
« l'intention de M. de Becquincourt. Tous nous
« avons eu le bonheur de nous approcher de la
« sainte Table et d'y recevoir Notre-Seigneur.
    « Après la cérémonie, les félicitations ont
« été offertes aux jeunes époux par les jeunes
« gens et les jeunes filles du village qui avaient

« manifesté leur joie et leur reconnaissance par
« des arcs de triomphe. Ensuite, Monseigneur,
« qui n'avait voulu rien accepter au château,
« est venu aussi féliciter les jeunes époux. Puis,
« nous nous sommes mis à table pour le dé-
« jeuner. Après le dîner du soir, toujours en
« famille, j'avais fait illuminer le parc avec des
« lanternes vénitiennes et laissé aux gens du
« village l'entrée libre pour jouir de la vue de
« cette illumination toute nouvelle pour eux.
« Tout s'est passé avec un ordre parfait et sans
« bruit, à part la fusillade des jeunes gens.
« Vers onze heures, chacun s'est retiré chez
« soi. A cette heure, j'ai réuni mes *quatre* en-
« fants·pour faire la prière en famille. Le bon
« Dieu nous a bénis. Il a béni surtout ces chers
« cœurs qui venaient de s'unir pour toujours ! »

Quelle grandeur et quelle noble simplicité
dans ces pages écrites de la main d'une femme
forte et d'une mère véritablement chrétienne !

ALLOCUTION

de Sa Grandeur Mgr l'Évêque d'Amiens.

MON CHER FRÈRE, MA CHÈRE SOEUR,

« Il y a des heures dans la vie dont la solen-
« nité n'échappe à personne... Jamais, peut-
« être, cette modeste enceinte ne l'a mieux
« compris qu'en ce moment. La nombreuse as-
« sistance qui est venue joindre ses vœux à nos
« vœux; vos deux âmes saintement émues ; vos
« chères familles se retrouvant sous le regard
« de Dieu, au pied de cet autel embelli par vos
« générosités : tout annonce que quelque chose
« de souverainement imposant va se passer.

« Et moi-même , dans le ministère au-
« guste que l'Église me confie et que je vais
« exercer pour la première fois dans mon cher
« diocèse d'Amiens, je me surprends au cœur
« des impressions inusitées. J'ai hâte de le dire
« cependant : ces impressions sont douces, et
« si parfois, en pareille circonstance, j'ai senti
« trembler entre mes mains l'étole qui reçoit

« l'irrévocable serment, grâce à Dieu, je n'au-
« rai point cette douleur aujourd'hui. Au point
« de vue du Ciel, comme au point de vue du
« monde, c'est sous les plus rassurants auspices
« que vont s'unir vos destinées ; et tout, en ce
« beau jour, est à l'espérance !

   « Ce n'est pas à vous qu'il faut rappeler tout
« ce qu'il y a de grand et de saint dans le ma-
« riage chrétien. Nourris tous deux des ensei-
« gnements de la foi, vous savez que l'origine
« en remonte aux premiers jours ; que Dieu
« lui-même l'a institué au berceau de l'huma-
« nité ; que quatre mille ans plus tard, Jésus-
« Christ l'éleva à la dignité de Sacrement, en
« fit une chose divine, et déclara que nulle
« puissance de la terre ne pourrait séparer ce
« qui est là uni par le Ciel même : *quod Deus*
« *conjunxit, homo non separet.*

   « L'apôtre saint Paul, qui semble avoir été
« spécialement chargé de promulguer parmi
« les nations cette nouvelle dignité du mariage,
« nous le présente comme une figure sensible
« de l'alliance immaculée du Sauveur et de
« l'Eglise. Il insiste dans des pages que les
« prières du sacrifice rappelleront tout à
« l'heure, sur toutes les idées de soumission

« et d'amour, de déférence et de protection, de
« confiance et de dévoûment que réveille une
« comparaison si touchante et si glorieuse ; puis,
« il l'appelle une société digne de tout hon-
« neur, *honorabile connubium.*

« C'est pénétrés de ces hautes et graves pen-
« sées, mon cher frère et ma chère sœur, que
« vous vous présentez en ce moment devant le
« Dieu que vous connaissez et qui vous aime.
« A Lui, à Lui seul, vous confierez vos ser-
« ments ; vous n'oublierez pas que rien que la
« mort ne les peut ébranler, et qu'il n'y a dé-
« sormais ici-bas d'aussi sacré pour vous que
« les devoirs qui en vont découler jusqu'à votre
« dernier jour. Ces devoirs, la Religion vous
« les rappelle avec d'autant plus de confiance
« que de leur accomplissement va dépendre
« tout le bonheur qu'on vous promet, et que
« nous vous désirons.

« Être toujours pour votre épouse, mon cher
« frère, ce que vous êtes en ce moment ; l'aimer
« d'une affection sainte, comme le motif même
« qui vous l'a fait distinguer entre tant d'autres
« c'est-à-dire d'un amour qui sache résister aux
« années comme aux évènements ; lui garder
« jusqu'au sacrifice et jusqu'à la mort, la place

5.

« que lui ont faite, en votre cœur, les qua-
« lités du sien ; la maintenir par l'autorité de
« votre exemple dans la voie où l'a si sage-
« ment dirigée la digne Mère que sa plus
« noble ambition doit être d'imiter toujours.
« Voilà en deux mots ce que Dieu demande de ·
« vous.

« Je n'insiste pas : on m'apprend qu'il y a
« dans cette âme des qualités si sûres, de si
« solides vertus, une bonté si rare rehaussée
« par une simplicité si vraie que cette tâche
« pour vous cesse d'en être une. Elle devient
« la plus douce de vos jouissances, et l'avenir
« nous prouvera que vous le comprenez
« ainsi. »

« Si j'avais besoin, pour appuyer cet espoir
« d'ajouter des garanties à celles que je viens
« de signaler, je n'aurais, mon cher frère,
« qu'à me rappeler les leçons qui ont présidé
« à vos jeunes années, les exemples qui ont
« formé votre cœur, l'éducation qui a fixé vos
« principes, le Père qu'on cite encore comme
« un modèle de noblesse et de foi, l'admirable
« Mère qui, à tant de mérites, joindra celui de
« n'avoir pu assister à cette fête si vivement
« désirée ; toute la chrétienne famille enfin

« dont vous fûtes la joie, et qui montre
« comme vous, que loin d'amoindrir l'homme,
« la piété, lorsqu'elle est sincère, est le véri-
« table secret de sa grandeur. Souvent, vous
« bénirez Dieu de ces grâces qui sont rares au
« temps où nous vivons, et vous aimerez à
« faire éclater le souvenir qu'en a gardé votre
« âme. »

« Vous serez envers votre épouse tel que le
« demande sa jeunesse, son inexpérience, vos
« plus chers intérêts. Oh ! rendez la heureuse,
« monsieur le Comte ; elle le mérite si bien !
« Comblez ainsi les vœux de ceux qui l'aiment.
« Par vos prévenances les plus affectueuses et
« les plus délicates, adoucissez pour elle les
« nouvelles obligations qui l'attendent. Que
« Dieu se trouve toujours au milieu de vous ;
« avec Lui, la vie peut avoir des épreuves, elle
« n'a point de malheurs, puisque le seul mal-
« heur ici-bas, c'est de vouloir être heureux
« sans Lui. »

« Entre votre cœur et le sien, qu'il n'y ait
« point de secret. Que toutes vos paroles soient
« pénétrées de ce respect qui éternise la véri-
« table affection ; que votre constante affabi-
« lité lui rende si chers les liens d'aujourd'hui

« qu'elle ne sache jamais ce que c'est qu'un re-
« gret, et que, toute sa vie, elle soit prête à
« renouveler le saint engagement que Jésus-
« Christ lui demandera tout à l'heure. »

« **Ma** chère enfant, les désirs que je viens de
« formuler sont bien grands. Je ne vous éton-
« nerai pas en disant qu'il dépend de vous de
« les réaliser. Soyez tout ce que doit être une
« épouse aimante, pieuse, fidèle, et dévouez-
« vous désormais toute entière à celui qui va
« devenir devant Dieu le confident de vos
« pensées et le compagnon de votre avenir.
« J'en bénis le ciel, chère enfant, il est chré-
« tien ! Vous pouvez prendre sans crainte cette
« main qui va demander la vôtre ; ce cœur,
« comme votre cœur, connaît le sang de Jésus-
« Christ. Comme vous, il aime l'Église de Dieu,
« il aime son auguste chef, et vous devez être
« fière de voir sur sa poitrine les signes de l'é-
« ternel dévouement qu'il lui a juré, et que
« vous vous ferez une gloire de partager avec
« lui. »

« Que son bonheur soit donc l'unique pré-
« occupation de votre existence. Douce et pa-
« tiente, même dans les minutes difficiles,
« faites rayonner autour de vous ces suaves et

« fortes vertus que l'Église demande si instam-
« ment pour la nouvelle épouse dans les
« prières de ce jour :

« O Dieu bon, dit-elle par la bouche de son
« ministre, Dieu qui êtes le Père de tous et le
« maître des cœurs, regardez d'un œil favo-
« rable votre enfant ici présente ! Que le joug
« qu'elle va recevoir soit celui de la dilection
« et de la paix ! Qu'elle entre dans sa voie nou-
« velle avec une fidélité sans mesure et une
« confiance sans bornes ! Qu'elle imite tou-
« jours les saintes femmes qui y ont marché
« avant elle ! Aimable à son mari comme Ra-
« chel, sage comme Rebecca, qu'elle remplisse
« comme elles une longue et féconde carrière.
« Que l'auteur du mal ne trouve en elle rien
« qui lui appartienne, et que la chasteté de sa
« vie lui mérite l'admiration des saints et les
« félicités du Ciel. »

« Chère sœur, ces graves enseignements
« vous les saurez comprendre, vous qui tant de
« fois depuis vingt ans, en avez eu sous les
« yeux la vivante application. Montrez que de
« tels exemples ne vous ont pas été donnés en
« vain ! »

« Nous célébrons, en ce moment même, le

« mois consacré à l'Auguste Vierge dont vous
« fûtes jusqu'ici l'enfant dévouée et fidèle :
« laissez-moi voir, dans ce rapprochement,
« de doux présages. Laissez-moi penser que
« votre bonheur sera de l'aimer toujours et de
« l'imiter encore. A son exemple, attachez-
« vous à la vie intime : la vie intime, quand
« elle est chrétienne a des jouissances que
« toutes les bruyantes apparences du monde ne
« soupçonnent pas ; et si parfois des nuages
« venaient vous rappeler que vous êtes de la
« terre, souvenez-vous du Ciel ! Il y a là du
« courage contre toutes les défaillances, et des
« consolations pour toutes les tristesses. »

« Le ministre de Dieu va monter à l'autel ; il
« va demander, et nous demanderons avec lui,
« l'accomplissement de ces grandes choses.
« Nous prierons, mon cher frère et ma chère
« sœur, pour vos familles, pour vos amis ici pré-
« sents, afin que tous retirent de cette cérémo-
« nie des fruits de grâce et de salutaires impres-
« sions. Hélas ! Quelques-uns à qui il eût été si
« doux de compter tout à l'heure un enfant de
« plus ne sont point là pour compléter la fête...
« Nous nous consolerons par la pensée qu'au
« Ciel où ils vous aiment toujours, Dieu leur

« donne à ce moment de contempler votre bon-
« heur, d'appeler sur vous des faveurs plus puis-
« santes et de vous mériter une vie qui vous
« permette de les retrouver un jour ! »

« Et maintenant, ô mon Dieu, une dernière
« prière ! »

« Vous qui avez donné la sagesse à Salomon,
« de si magnifiques vertus à Tobie, d'éternelles
« promesses à Sara, unissez vous-même pour de
« longues et prospères années ces deux cœurs
« si bien faits l'un pour l'autre ! Rendez-les
« toujours dignes de Vous, pour qu'ils le soient
« toujours d'eux-mêmes ! Mettez en eux les ré-
« solutions généreuses et d'inviolables pro-
« messes ! Que la bénédiction si gracieusement
« envoyée du fond de sa captivité par l'immor-
« tel Pie IX, soit le gage de celles que nous
« allons leur donner en votre nom ! Qu'ils n'ou-
« blient jamais que Vous servir, c'est régner !
« Donnez-leur la grâce d'une vertu sans tache
« et d'une postérité sans fin. Et, au terme d'une
« vie illuminée par la foi, adoucie par la cha-
« rité, réservez, mon Dieu, la gloire du Ciel
« comme dernière couronne à leur bonheur! »

Ainsi soit-il.

IX

PÈLERINAGE A ROME.

Quelques jours après la touchante cérémonie
du mariage et après avoir payé le tribut du
cœur à la mémoire de monsieur de Becquincourt, M. le comte et madame la comtesse Gabriel de Caix de Saint-Aymour quittaient la solitude de Billancourt, le 18 mai, et partaient
pour Rome. Ce ne devait pas être un voyage
auquel le monde donne ordinairement la qua-
lification de « *Voyage de noces* ». Nos heureux
époux voulaient faire un « *Pèlerinage de
noces* ». C'est par le sanctuaire de Notre-Dame
des Victoires, à Paris, qu'ils commencent leur
pieux pèlerinage ; c'est au saint Cœur de Marie
Immaculée qu'ils recommandent leur voyage.
Madame la comtesse visita avec la douce piété

d'une Enfant de Marie, le sanctuaire de Notre-Dame de Fourvières, à Lyon ; puis, à Turin, la Consolata ; à Bologne, la Madonna del Baraccano et la Madonna della Consolazione ; et le 3 juin, ils arrivent à Lorette.

Ce jour-là, madame la comtesse écrit à sa mère chérie les lignes suivantes : « Nous « sommes à Lorette. Notre première visite a « été pour la Sainte Vierge qui nous a reçus « dans son Église au moment où l'on donnait « la bénédiction du Très-Saint Sacrement. Nous « ne pouvions mieux tomber. Nous nous « sommes confessés, et ce matin nous avons « communié dans la maison même de la Sainte « Vierge. Inutile de vous dire, ma chère « maman, combien nous avons prié pour vous. « Ici, du moins, on peut prier tranquillement ; « on se croirait dans un autre monde, c'est « délicieux !

« J'ai vu une petite écuelle ayant servi au « petit Jésus. J'y ai déposé tous les objets de « piété, mon chapelet, ma médaille d'Enfant « de Marie, etc. Que ces souvenirs sont doux « aux cœurs qui aiment Jésus et Marie. »

C'est le 5 juin qu'ils arrivent à Rome. Madame la comtesse avait un véritable culte pour

le Souverain Pontife. Rome, pour elle, c'est
Pie IX, c'est la gloire de l'auguste prisonnier
du Vatican. Voir Pie IX était son rêve de
chaque jour.

Quelques jours après son pèlerinage de
Lourdes, elle écrivait à son amie mademoiselle
J. d'H. ses impressions de voyage et surtout
d'âme comme elle l'annonçait. Elle lui en ren-
dait compte en ces termes. Sa lettre est un
hymne à la louange de Pie IX.

« Je ne sais pas encore ce que je ferai cet
« hiver; si je vais dans le monde, ce ne sera
« dans tous les cas qu'aux concerts. Au reste,
« je vous avoue franchement que je n'y tiens
« pas beaucoup. Certes, après la bassesse dont
« la France, dite la Fille aînée de l'Église, vient
« de se rendre coupable envers Pie IX, elle
« devrait bien plutôt penser à pleurer et à
« faire pénitence, qu'à chercher tous les
« moyens possibles pour se divertir et irriter
« de plus en plus la vengeance de Dieu. Nous
« n'étions pas tombés assez bas, sans doute; et
« il fallait qu'une dernière lâcheté vînt couron-
« ner l'œuvre déjà si bien commencée! Plus
« personne aujourd'hui à Rome pour élever la
« voix contre la tyrannie des vainqueurs. Il est

« là, seul, ce Pontife immortel, comme autre-
« fois Jésus sur le Calvaire, seul au milieu de
« ses bourreaux sans que pas un de ses enfants
« ait le courage de venir lui tenir compagnie
« pendant le temps de son long supplice. Ah !
« quelle blessure pour le cœur de Pie IX, lui
« qui aime tant la France, de se voir aussi
« complétement abandonné par elle ! Quels
« sont donc les cœurs vraiment catholiques
« qui, à la vue des souffrances et de l'abandon
« de leur Père, auraient encore le triste cou-
« rage de chercher à s'étourdir en s'amusant à
« *cœur joie ;* il n'y en a pas, et s'il y en avait,
« je dirais qu'ils ne sont plus ni catholiques,
« ni Français. A nous, ma chère Jeanne, il n'est
« pas donné de livrer nos corps pour la défense
« de Pie IX, mais nous avons un autre sang et
« d'autres armes à lui offrir, le sang du sacri-
« fice de la volonté et de la mortification, et
« les armes de la prière ; nous n'avons que
« cela, eh bien ! donnons tout à Pie IX ! »

Son rêve allait donc se réaliser. Elle était à
Rome et dans quelques heures elle aurait le
bonheur de voir le Pape.

Trois pensées occupent son cœur pendant
tout son séjour à Rome. D'abord son admiration

toujours croissante pour la personne du Vicaire de Jésus-Christ, son dévouement pour les intérêts spirituels de tous ceux qu'elle aime ; sa tendre dévotion pour le tombeau des Apôtres et pour les vénérables sanctuaires de la ville éternelle. Toutes ses lettres sont empreintes de ces sentiments ; sa correspondance avec sa mère, avec ses amies, n'est qu'un hymne de louange et de reconnaissance envers Pie IX, *son bien-aimé Pape,* comme elle l'appelle avec une affectueuse simplicité. Nous ne ferons que relater les lettres écrites à sa bonne mère. La première est le cri de son cœur, l'élan de son amour.

Rome, 5 juin 1875. « *Te Deum,* c'est tout vous « dire, ma chère maman. Arrivée à Rome, « hier matin, j'ai vu l'illustre prisonnier du « Vatican, le Roi des rois, le Saint-Père, le « grand pape Pie IX ! Je l'ai vu, j'ai eu le « bonheur de baiser sa main, il m'a bénie ainsi « que toute la famille. Gabriel était près de « moi à l'audience, et comme je ne quittais pas « des yeux cette magnifique figure de Pie IX, « mes yeux se sont souvent rencontrés avec « ceux du Saint-Père qui me regardait tout en « causant avec d'autres personnes. Quand il

« est arrivé à nous, il nous a dit : « *Et ceux-ci*
« *que j'ai bénis il y a quelques jours pour leur*
« *mariage; je vous souhaite de vivre toujours*
« *en bonne intelligence, d'avoir des enfants*
« *quand le moment sera venu et d'en faire de*
« *bons catholiques, je vous souhaite une longue*
« *et heureuse vie, je vous bénis ainsi que toute*
« *votre famille.* » Paroles d'or, ma bien chère
« maman, que j'ai recueillies comme autant
« de perles précieuses sortant de la bouche de
« Dieu. Pie IX a ensuite posé la main sur l'é-
« paule de Gabriel. Nous avons commencé
« notre Jubilé ; je verrai encore trois fois le
« Saint-Père ; je voudrais déjà pouvoir re-
« tourner au Vatican. Depuis ce matin, j'ai
« toujours devant les yeux cette grande figure
« de Pie IX. Il a un air de bonté indéfinissable ;
« il est impossible de le voir sans l'aimer. »

Rome, 11 juin 1875. « Hier, j'ai eu le bonheur
«. de voir le Saint-Père et de lui baiser la main.
« Je lui ai même adressé quelques mots aux-
« quels il a bien voulu répondre avec bien-
« veillance. Quand il a aperçu Gabriel, sa
« figure toujours douce a semblé s'épanouir.
« Il n'a pas eu besoin de demander nos noms
« et nous a dit : « *Ah ! vous voilà... bien, bien.* »

« Alors, comme je lui demandais de nous
« bénir, nous et nos deux familles, et que je
« lui présentais de petits objets à bénir, il
« m'a répondu : « *Oui, tout est béni, tout est*
« *béni.* »

Rome, 14 juin 1875. « Hier, j'ai pu vénérer
« les grandes reliques : Trois grands morceaux
« du bois de la vraie Croix ; un des clous qui
« a été teint du sang du divin Sauveur ; deux
« épines de la couronne de Notre-Seigneur ;
« le doigt avec lequel saint Thomas sonda les
« plaies de Jésus ; le titre de la Croix, etc.,
« etc. J'ai visité la basilique de Saint-Pierre,
« c'est immense, c'est magnifique ! »

Rome, 17 juin 1875. « Aujourd'hui, nous
« faisons notre pèlerinage des sept basiliques ;
« ce qui nous prendra une partie de notre
« après-midi. Hier, nous sommes entrés à
« Saint-Pierre. J'ai vu défiler le clergé qui
« précédait le cardinal Borromeo, en grande
« tenue ; mître blanche et queue rouge que
« l'on portait. Toutes les cloches et les bour-
« dons sonnaient. C'était magnifique ! Hélas !
« si nous étions dans le bon temps d'autrefois,
« c'eût été toute la Cour papale qui aurait
« précédé Pie IX. Enfin, il faut prier pour que

« le triomphe et la délivrance de Pie IX arri-
« vent bientôt. »

Rome, 21 juin 1875. « Hier soir, je suis allée
« voir les jardins du Saint-Père. Ils sont très-
« jolis. Il y a de tout. Des jets d'eau, des cas-
« cades, un petit bois, des volières dans les-
« quelles il y a beaucoup de tourterelles, des
« pigeons tout blancs. Ces petits oiseaux vien-
« nent manger dans la main du Saint-Père.
« Puis, il y a aussi des petits poissons auxquels
« le Pape donne à manger ; j'ai bu de l'eau
« d'une petite fontaine qui rappelle la fontaine
« de la grotte de Lourdes et je me suis assise
« sur le banc où vient se reposer le Saint-Père. »

Rome, 22 juin 1875. « J'ai eu encore aujour-
« d'hui le bonheur de voir le Saint-Père. Il a
« été très-bon, comme toujours. Je lui ai baisé
« la main et lui ai demandé de vous bénir en
« particulier ; ce qu'il a fait de suite. Après
« l'audience, avant de bénir tout le monde, il
« a dit à haute voix qu'il allait *bénir en parti-*
« *culier deux jeunes mariés pour qu'ils soient*
« *toujours heureux.* Vous les connaissez, ma
« bien chère maman, ces deux jeunes mariés !...
« Ce bon Saint-Père, comme il est bon de nous
« gâter ainsi de ses saintes et précieuses béné-

« dictions. Mon cher Gabriel l'avait vu seul un
« moment avant l'audience, et Sa Sainteté lui
« avait dit qu'Elle *nous bénirait tout particu-*
« *lièrement* et que *nous serions toujours heu-*
« *reux.* Gabriel a eu le bonheur de communier
« de la main de Pie IX. J'aurais bien désiré
« avoir ce bonheur, mais cela n'était pas pos-
« sible. »

A Rome, madame la comtesse Gabriel de Caix
de Saint-Aymour n'oublia pas ses amies. Partout, dans les sanctuaires de la Ville éternelle,
elle priait pour elles. Elle mettait de plus son
bonheur à leur causer d'agréables et bien douces
surprises.

A peine fut-elle arrivée dans la Ville sainte,
qu'elle s'occupa activement d'obtenir pour l'une
d'elles, qui était sur le point de se marier, une
bénédiction toute spéciale du Saint-Père. Heureuse d'avoir obtenu l'objet de sa requête, elle
écrivit aussitôt ces quelques lignes à sa chère
amie :

« Vous le voyez, je suis bien loin de vous,
« mais pour mon cœur il n'y a pas de distance,
« et je veux vous dire encore une fois avant
« votre mariage combien je pense à vous et
« vous aime.

6

« Notre Saint-Père le pape Pie IX vous
« donne à vous et à M. H... sa bénédiction
« apostolique, à l'occasion de votre mariage ;
« de plus, il donne sa bénédiction à tous les
« membres de vos deux familles.

« Je ne doute pas, ma chère amie, que cette
« bénédiction du Vicaire de Jésus-Christ vous
« porte bonheur dans la nouvelle vie que vous
« allez embrasser. Pie IX est un grand saint !
« J'ai eu le bonheur de le voir samedi, d'en-
« tendre de sa bouche des paroles célestes et
« de baiser sa main ; demain, j'espère avoir en-
« core le même bonheur. »

C'est à cette même amie qu'elle écrivait ces
lignes bien significatives : « Deux mots, ma
« chère A..., pour vous dire que je vous en-
« verrai dans quelques jours deux cierges
« romains qui ont été bénits par le Saint-
« Père. »

A madame H. S. née P. de F., elle écrivait
ces quelques lignes : « Je n'ai pas oublié ma
« bonne petite amie. J'ai été assez heureuse
« pour obtenir de Sa Sainteté la bénédiction
« apostolique pour toi et pour tes deux familles
« de F. et S. Je joins à cette lettre une médaille
« de Notre-Dame de Lorette qui a été bénite

« par le Saint-Père et quelques fils de charpie
« imbibée du sang de Pie IX. »

Son excellent cœur, on le voit, n'oubliait
rien. Elle réalisait la pensée exprimée dans ces
mots : *Allons à la Bonté*. On ne sait ce que l'on
doit le plus admirer de sa bonté ou de son esprit
de foi.

Madame la comtesse sut toujours entretenir
avec ses chères amies les relations de la plus
touchante intimité. Son amitié ne se bornait
pas à de vaines paroles, à de stériles protesta-
tions d'amour, c'est par les œuvres qu'elle ma-
nifestait les sentiments de son cœur si aimant.

Nos pieux pèlerins quittèrent Rome, pleins
de reconnaissance de l'accueil si bienveillant et
si paternel qu'ils avaient reçu de la part du
Vicaire de Jésus-Christ. Madame la comtesse
était dans l'enthousiasme de tant de bonté ; elle
s'éloigna de Rome tout embaumée de ce parfum
de piété que respirent dans la ville éternelle les
âmes véritablement chrétiennes. Au retour, ils
visitèrent quelques villes d'Italie et rentrèrent
en France pour faire le pèlerinage de N.-D. de
la Garde, à Marseille, et se diriger ensuite sur
Paray-le-Monial. Quelques jours après, ils
communiquaient de vive voix à ceux qu'ils

aimaient les douces impressions qu'ils avaient éprouvées pendant leur voyage.

De retour de leur pèlerinage à Rome, il fallut songer aux différentes installations qu'ils s'étaient proposé de faire. Ils devaient passer l'hiver à Paris et la saison d'été à la campagne. L'excellente mère de M. le comte, avec une délicatesse exquise, mit à la disposition de ses heureux enfants une partie de son hôtel. Nos jeunes époux se mirent donc à l'œuvre afin de donner à leur appartement la physionomie et l'ameublement suivant leurs goûts. Madame la comtesse Gabriel de Caix recourut avec succès dans ces circonstances aux connaissances pratiques de maîtresse de maison qu'elle avait puisées à Billancourt, et en ce moment elle s'applaudit du genre d'éducation sérieuse que sa bonne mère lui avait donnée. Elle fit preuve d'une grande intelligence et d'un grand esprit d'ordre dans ce travail parfois si ingrat et toujours fort pénible. Mais, grâce à son expérience elle s'en tira à la satisfaction de tous; l'esprit de foi présidait à toutes ses œuvres. Elle voulut que ses appartements fussent bénits, afin d'attirer sur elle et sur son bien-aimé mari les faveurs et grâces de Dieu.

Madame la comtesse ne connut pas le monde.
Sa vertueuse mère l'avait préservée de tout
contact avec le monde. Madame de Becquincourt avait gardé sa fille auprès d'elle à la campagne. Il semblait que Dieu était jaloux de conserver pour Lui cette âme privilégiée. Il eut
soin de l'éloigner des dangers que l'on rencontre dans la société à laquelle elle devait
appartenir et par son rang et par la distinction
de sa personne et par sa position de fortune.

« Le monde, » nous disait un jour M. le
comte Gabriel de Caix, « sera toujours le
« monde; un vrai tourbillon qu'il faut savoir
« éviter de peur qu'il ne vous emporte... Je le
« connais pour ce qu'il vaut et je vous avoue
« franchement que je le connais assez pour
« affirmer qu'il ne vaut pas grand' chose. Mé-
« disance, calomnie, mensonge, flatterie et
« duperie font souvent tous les frais des ré-
« ceptions mondaines. Ce n'est certainement
« pas dans le monde qu'on trouve le vrai
« bonheur. On s'y étourdit la plupart du temps,
« et voilà tout! »

X

HIVER DE 1875-1876.

M. et madame de Caix, pendant l'automne de l'année 1875, étaient allés passer quelques jours au château de Corbie. De là, ils faisaient de fréquentes apparitions à Billancourt. Un jour, on annonce à madame la comtesse que le Père qui, pendant plusieurs années, avait encouragé son apostolat, devait donner à Billancourt une mission préparatoire à la grâce du Jubilé. Elle voulut y apporter son généreux concours.

Elle ne se doutait pas de l'immense consolation que la divine Providence ménageait à son cœur si embrasé pour le salut des âmes. Notre-Seigneur voulait accorder à ses travaux apostoliques auprès de ses petites chanteuses un couronnement de grâces et de bénédictions qu'elle n'aurait jamais osé espérer. Il faut le dire à la louange de madame la comtesse ; au milieu des préoccupations d'un changement de position, elle n'oublia jamais ses petites chanteuses ; elle en porta le souvenir jusqu'aux pieds du Vicaire de Jésus–Christ. Elle allait pendant la mission recueillir la riche moisson de grâces de conversion dont elle avait jeté la semence dans leur cœur.

C'était le 27 novembre 1875 que commencèrent les saints exercices du Jubilé. Madame la comtesse vint à Billancourt pour prendre part à la mission, pour diriger ses chanteuses et pour donner aux exercices spirituels tout l'élan dont son cœur si ardent était capable. Bientôt un programme fut composé. Elle paya un large tribut dans les morceaux qu'elle avait choisis. Elle avait une voix d'une beauté ravissante, d'une suavité, d'une onction qui allait droit au cœur. M. le curé, enchanté de trouver dans madame la comtesse un si grand dévouement à la cause de Dieu, la pria de se charger des chants pour tout le temps de la mission. C'est ce qu'elle désirait.

Madame la comtesse s'y mit de tout cœur.

Chaque jour, elle réunissait au château ses chanteuses pour la répétition des cantiques et des motets du salut du soir.

Madame de Becquincourt, heureuse de pouvoir concourir à l'œuvre de la mission, ne mettait pas moins de zèle que sa chère fille à la préparation des exercices ; elle tenait l'harmonium pendant les répétitions et touchait des orgues à l'église. Le chant des cantiques attira dès les premiers jours un grand nombre de personnes.

La neige et le froid ne furent pas un obstacle à l'assistance aux exercices du Jubilé ; chaque jour, l'auditoire augmenta, et grâce aux chants des cantiques, les exercices de la mission furent de plus en plus fréquentés. Les habitants de Billancourt, touchés du zèle de madame la comtesse et de sa bonne mère, voulurent se rendre dignes de si grands dévouements. Ils s'approchèrent du sacrement de Pénitence et il y eut un grand nombre de retours; mais ce qui toucha davantage le cœur de madame la comtesse, ce fut la consolation qu'eurent les petites chanteuses de voir leurs bons parents les accompagner à la sainte Table.

6.

La joie la plus vive brillait sur tous les fronts. Chacun avait fait son devoir. Le grand jour de la clôture des exercices du Jubilé était arrivé ; elle se fit le dimanche, jour où l'on célébrait la fête de l'Immaculée Conception de Marie. Voici le programme de cette belle fête : à 7 h. la messe de communion ; à 10 h. la grand'messe ; à 2 h. vêpres ; après les vêpres, on donna le saint Scapulaire ; à 5 h. salut de clôture. La messe de communion fut des plus édifiantes. Les chants furent exécutés avec une piété ravissante. M. le comte de Caix qui avait voulu, lui aussi, être de la fête religieuse, avait écrit à Rome et obtenu du Souverain Pontife une bénédiction toute particulière comme couronnement de cette touchante cérémonie. Cent trente personnes s'approchèrent de la sainte Table. Les bons habitants de Billancourt étaient dans l'enthousiasme ; ils n'avaient jamais assisté à une cérémonie aussi émouvante. La grâce de Dieu avait fait son œuvre dans ces chères âmes.

Le soir, on fit la clôture des exercices du Jubilé par un salut solennel. Tout se passa au milieu du recueillement le plus parfait. Monsieur le curé de la paroisse, touché jusqu'aux

larmes, exprima avec une émotion profonde les
sentiments de reconnaissance dont son cœur
débordait. Il fit, avec une délicatesse exquise,
allusion au dévouement si généreux de madame
la Comtesse et de madame de Becquincourt que
l'on peut appeler les deux anges de la mission
de Billancourt. L'un de ces deux anges est au
Ciel, l'autre continue avec un grand esprit de
foi et le sacrifice dans le cœur, l'œuvre du
zèle des âmes, en attendant la couronne que
Dieu prépare à cette noble et vaillante chrétienne.

Telle est l'œuvre de zèle de madame la Comtesse Gabriel de Caix de Saint-Aymour. Cette
page écrite au livre de vie est déjà bien glorieuse aux yeux des hommes ; que doit-elle
être aux yeux de Dieu qui pèse nos actions au
poids des âmes, au salut desquelles nous avons
coopéré.

Après la mission de Billancourt, monsieur et
madame de Caix quittèrent la campagne pour
aller passer l'hiver, à Paris. Ils s'installèrent à
l'hôtel de la rue de Grenelle-Saint-Germain.
Dès les premiers jours, madame la Comtesse
suivit le règlement qu'elle s'était fait pour son
nouveau genre de vie ; elle y fut fidèle. Elle se

prémunit contre l'entraînement de la lecture. Les ouvrages qui pouvaient la jeter dans la rêverie et l'éloigner de la vie pratique, lui étaient suspects ; ils ne furent pas admis dans sa bibliothèque. Elle conserva toujours son goût pour les lectures sérieuses. Nous en avons la certitude par le témoignage de mademoiselle A. de V. Cette amie de madame la Comtesse écrit à madame de Becquincourt les lignes suivantes : « Depuis notre sortie du Sacré-« Cœur, je ne me suis pas trouvée souvent avec « ma chère Émilie. L'année dernière, à la fin de « mars, l'ayant rencontrée à la messe, je suis « allée la voir dans son hôtel. Elle m'a montré « ses affaires, ses livres, et ne voyant que de « pieux ouvrages, je lui demandai si, depuis « son mariage, elle lisait des romans? Elle me « répondit : « Oh ! non, je n'aime pas les lec-« tures de ce genre ! » Je l'ai admirée, ma chère « amie, et, maintenant, je remercie Dieu de « l'avoir faite si bonne. C'est une immense « consolation à votre douleur, Madame, de sa-« voir que pendant les courtes années que votre « chère enfant passa sur la terre, elle pratiqua « le bien, et par ses conseils et par ses exemples « elle le fit aimer. »

Après ce témoignage d'une amie, nous devons révéler certaines réflexions de monsieur
le Comte de Caix, à ce sujet : « Ma femme ne
« lira jamais un mauvais livre. Elle n'aura
« jamais sous les yeux ces publications mal-
« saines et équivoques qu'on appelle vulgaire-
« ment des romans de mœurs ou des feuille—
« tons historiques. Je lui donnerai des ouvrages
« sérieux et instructifs dans lesquels elle trou-
« vera toujours un délassement agréable et pur
« pour son esprit, une nourriture fortifiante
« pour son âme, et son excellent cœur n'y per-
« dra rien. Un mauvais livre est pour l'intel-
« ligence ce qu'un poison subtil est pour le
« corps. Il l'énerve, le corromp et le tue. »

Les jeunes époux passèrent à Paris un seul
hiver. Dieu veillait sur madame la Comtesse.
Vers le mois de janvier, son cher mari se sentit
quelque peu indisposé, et il fut obligé de garder la chambre. « Je suis souffrant fort à propos,
« disait-il un soir à sa bien-aimée femme qui
« lui remettait en souriant plusieurs invitations
« de bals. Nous n'irons pas dans le monde ;
« mon indisposition nous servira d'excuse. Je
« connais les intentions de ton cœur plein de
« prudence et de jugement. Elles font tout le

« bonheur du mien qui les comprend et les
« admire. Vivons à l'ombre ; ayons l'égoïsme
« de la vie réelle. Notre bonheur est d'autant
« plus parfait que nous remontons souvent à
« la source divine qui nous le procure. . . »
Madame de Becquincourt apprenant l'indisposition de M. le comte vit dans cette conduite
de la Providence à l'égard de sa fille, une délicatesse du bon Maître. Elle disait avec son
grand esprit de foi : « Notre-Seigneur ne trouve
« pas encore mon Émilie assez inébranlable
« pour la lancer sans danger dans le monde
« de Paris, que sa sainte volonté soit faite ! »
Dieu avait ses desseins sur cette âme d'élite.
Il ne voulait que la montrer au monde, puis
l'appeler à Lui avant qu'elle n'eût pu appliquer
ses lèvres à la coupe de ses plaisirs trompeurs.
Ce fut avec le dévouement le plus parfait
que madame la comtesse donna à son cher
mari les soins les plus affectueusement em-
pressés. Une pensée la consolait alors, c'est
qu'elle pouvait manifester son grand amour
pour lui par les soins qu'elle lui prodiguait
jour et nuit. Son bonheur était de se tenir sans
cesse à ses côtés, de relever son courage, de
déposer dans son cœur la plus grande con-

fiance. M. le comte remercia plus d'une fois le Ciel de lui avoir donné son ange de dévouement.

Au commencement du Carême, la santé de M. le comte était parfaitement rétablie et ne laissait rien à désirer ; ce qui leur permit de suivre assidûment les prédications de la sainte quarantaine. Une espérance vint mettre le comble au bonheur de madame la comtesse ; ses vœux semblaient enfin accomplis ; elle espérait, oui, elle espérait être mère. « Vraiment, disait-elle, avec les accents de la plus vive reconnaissance, je me demande souvent ce que j'ai fait au bon Dieu pour être si heureuse ; oui, le bon Dieu me gâte. » Et son âme si généreuse se répandait en actions de grâces.

Elle écrivait à sa mère à la date du 29 mai : « Mercredi, dernier jour du mois de mai, nous « irons à Notre-Dame des Victoires où nous « recevrons le bon Dieu, et où je me consa- « crerai tout particulièrement à la sainte « Vierge ainsi que mon petit ange futur..... « Nous sommes si heureux tous les deux, « nous ne saurions trop remercier la sainte « Vierge... » et le 31 mai, elle écrivait :

« Nous sommes allés ce matin à Notre-Dame des
« Victoires, j'ai fait ma petite consécration. »
On reconnaît toujours l'Enfant de Marie.

Dans toutes ses lettres à ses amies, elle annonce avec une joie indicible ses douces espérances et leur fait part de son bonheur ; mais
toutes ses lettres respirent la reconnaissance la
plus vive envers Notre-Seigneur et sa sainte
Mère. Son cœur est un autel où sans cesse
brûle le parfum de l'action de grâces pour
« *toutes les gâteries* » du bon Dieu, comme
elle le disait avec son aimable simplicité.

Ce fut le 12 juin 1876, que madame la comtesse écrivit sa dernière lettre à sa mère chérie.
Elle lui annonçait, en ces termes, son arrivée
à Billancourt : « Chère maman, je vais tou-
« jours bien. J'attends avec impatience le mo-
« ment d'être près de vous, à Billancourt. Il
« me semble que j'y serai si bien…. je suis si
« contente. A bientôt le bonheur de vous em-
« brasser comme nous vous aimons. »

Quelques jours après, M. et Madame de Caix
étaient à Billancourt. Madame la comtesse espérait se préparer auprès de sa mère avec plus
de recueillement à la grande mission qui devait,
pensait-elle, lui être confiée dans quelques mois.

XI

SA MALADIE ET SA MORT.

Hélas ! Dieu ne voulut pas réaliser les espérances de monsieur le Comte et de madame la Comtesse Gabriel de Caix de Saint-Aymour. Nous devons nous soumettre aux desseins de la divine Providence; aux longs jours de l'épreuve, comme aux instants si courts dans lesquels Il dépose sur nos lèvres quelques gouttes de bonheur ; nous devons adorer sa volonté sainte et dire de tout notre cœur : *Fiat !* C'est toujours la main du meilleur et du plus prévoyant des Pères qui nous présente soit la coupe du bonheur soit le calice de la souffrance et du sacrifice.

Le 6 juillet, dans la matinée, madame la Comtesse avait reçu la très-sainte communion et sortait de la chapelle du château lorsqu'elle ressentit les premiers symptômes devant lesquels devaient s'évanouir ses plus douces espérances. Ici commence pour elle et pour ceux qui l'aiment une longue série d'immolations. A partir de ce moment, elle monte péniblement au Calvaire pour y offrir son suprême sacrifice à la suite du divin Maître, qui voulait nous ravir ce cher trésor de vertus. Cependant le mal était là, terrible et lent. On ne négligea rien pour y résister. La fièvre d'abord très-bénigne présenta tout à coup quelque consistance, et les efforts de deux excellents médecins, hommes de cœur et de grand talent, appelés de Paris en consultation, devaient rester impuissants devant une péritonite généralisée !... Nous savons aussi le dévouement que déploya en cette circonstance un jeune docteur interne des hopitaux de Paris, et les services intelligents rendus par une bonne sœur de l'Espérance, de la communauté d'Amiens. Laissons madame de Becquincourt nous faire elle-même le récit de la douloureuse maladie de sa fille et de sa mort si douce et si consolante.

« Émilie s'affaiblissait de plus en plus ; elle « ne prenait aucune nourriture. La chère ma-

« lade puisait dans sa foi, le courage et la pa-
« tience dont elle donna sans cesse des preuves
« pendant les cinq semaines que dura la ma-
« ladie. Elle resta toujours calme, douce,
« patiente, et c'était avec le sourire sur les
« lèvres qu'elle recevait les soins de ceux
« qu'elle aimait le plus sur la terre, son mari
« et sa mère. Émilie communia souvent pen-
« dant le cours de sa longue maladie. C'est dans
« la sainte Eucharistie qu'elle apprit à pratiquer
« le saint abandon d'elle-même à tout ce que la
« divine Providence exigerait. Elle disait *Fiat*
« à tout. L'expression angélique de son visage
« après la réception de la sainte communion
« laissait lire ce qui se passait dans son cœur :
« *amour de Dieu, abandon parfait.* »

« Émilie était Enfant de Marie ; elle porta
« toujours suspendus à son cou sa médaille,
« son chapelet, son crucifix, son scapulaire.
« Elle baisait souvent ces pieux objets ; elle
« ne s'en sépara pas jusqu'à la mort. Elle ne
« manqua jamais de réciter pendant sa ma-
« ladie ses deux prières favorites, l'*Ave maris*
« *Stella* et le *Salve Regina*. Lorsqu'elle fut
« trop faible pour les lire dans son livre de
« prières, elle demanda à son mari ou à sa

« mère, de les réciter à haute voix, afin de
« pouvoir s'unir à eux, ce qu'elle fit jusqu'à la
« veille de sa mort. Ce soir-là, sentant la gra-
« vité de son état, elle pria la sœur qui la
« gardait de demander à Dieu sa guérison,
« mais elle ajouta aussitôt : « *Que sa sainte
« volonté s'accomplisse !* »

« Le lendemain matin, qui était un dimanche,
« elle reçut encore la sainte communion, mais
« en viatique, vu son état de faiblesse. Dans
« la matinée, la chère malade fit paraître des
« indices d'une fin prochaine. Elle se confessa
« une dernière fois, afin de se préparer à re-
« cevoir les derniers sacrements. A ce mo-
« ment se passa auprès du lit de la chère ma-
« lade une scène des plus attendrissantes.
« M. le comte, à genoux près de son épouse
« bien-aimée, lui demande de lui pardonner la
« peine qu'il avait pu lui causer pendant leur
« courte union. Émilie, fort émue de cet acte
« auquel elle ne s'attendait pas, hésite un
« instant ; puis, elle bénit de la meilleure bé-
« nédiction de son cœur son époux bien-aimé ;
« elle lui jette ensuite un de ces regards
« d'une indéfinissable douceur dans lequel se
« lisait toute la tendresse dont son cœur était

« rempli. Quel émouvant spectacle de voir à
« ce moment suprême ces deux chers époux
« se dire un dernier *au revoir* dans la céleste
« patrie ! »

« L'état de notre chère malade empirait ;
« ses forces diminuaient. Vers quatre heures,
« des symptômes d'une fin très-prochaine in-
« quiétèrent sa mère. M. de Caix alla lui-
« même chercher M. le curé, afin d'adminis-
« trer le Sacrement d'Extrême-Onction à son
« épouse bien-aimée. Son état d'affaiblis-
« sement ne laissait plus d'espoir. Les ex-
« trémités se refroidissaient, une sueur froide
« inondait son visage. M. le curé lui adminis-
« tra les derniers Sacrements. Elle les reçut
« avec la foi la plus vive et la plus touchante
« piété. Elle s'unit aux prières et suivit avec
« un recueillement parfait toutes les céré-
« monies du Sacrement de l'Extrême-Onction.
« Elle avait toute sa présence d'esprit ; à cette
« heure suprême elle se rappela avec bonheur
« qu'elle était Enfant de Marie ; aussi voulut-
« elle qu'on lui récitât les Litanies de la
« sainte Vierge. Tous les serviteurs du châ-
« teau avaient voulu assister à la cérémonie ;
« tous, les larmes aux yeux, répondaient aux

« invocations adressées à Marie. Ils aimaient
« tant madame la comtesse ! »

« L'émotion avait quelque peu fatigué la
« chère malade. Il y eut un peu de calme,
« mais il ne dura pas. On s'aperçut qu'elle
« touchait à sa dernière heure. Levant les
« yeux, les dirigeant vers sa mère, elle lui dit
« ces paroles avec un sourire d'ineffable ten-
« dresse : « Petite mère est toujours là ! » Dans
« la journée elle avait appelé son mari près de
« son lit et lui dit : « Gabriel, reste toujours
« près de moi, ne me quitte pas, ne me quitte
« jamais. » Sa présence d'esprit ne l'aban-
« donna pas un instant.

« A partir de cinq heures, ses forces dimi-
« nuaient sensiblement. Tout à coup, elle
« semble se recueillir et faisant un grand
« effort, elle lève les yeux au Ciel et dit à
« haute voix : « *Pardon, mon Dieu !* » Ce
« furent ses dernières paroles bien articulées.
« Lorsqu'on lui suggérait les pieuses invoca-
« tions : Jésus, Marie, Joseph ; ses lèvres
« semblaient les répéter. Elle demanda par
« signe si M. le curé était là. A la réponse
« affirmative, elle sourit doucement. Toujours
« ses lèvres étaient en mouvement pendant

« qu'on récitait à voix basse le chapelet ; elle
« avait dans ses mains son crucifix, sa médaille
« d'Enfant de Marie et son chapelet. Après
« quelques légères convulsions, elle rendit
« son âme à Dieu ; le sacrifice était consom-
« mé ! C'était le 13 août 1876, à huit heures
« trente-cinq minutes du soir. Sa mort fut un
« véritable sommeil, sans souffrances, sans
« agonie. Jésus, Marie, Joseph qu'elle avait
« tant aimés et invoqués reçurent sa belle
« âme : après son dernier soupir, un angélique
« sourire errait sur ses lèvres.....

  « Sa mort fut précieuse devant Dieu comme
« l'avait été toute sa vie. Le souvenir en est
« doux à tous ceux qui étaient présents, sur-
« tout à ceux qu'elle avait tant aimés et dont
« elle était tant aimée. Pendant sa maladie,
« elle avait plusieurs fois témoigné le désir de
« pouvoir quitter son lit le jour de l'Assomp-
« tion de la sainte Vierge. Elle s'était alitée le
« 6 juillet.

  « La pauvre enfant quitta en effet son lit en
« ce jour béni de l'Assomption pour être dépo-
« sée par son mari dans son cercueil, et est des-
« cendue de la chambre témoin de tant de bon-
« heur et de tant de désolation, dans sa petite

« chambre de jeune fille, convertie en chapelle
« depuis son mariage.

« La désolation de sa famille, des serviteurs
« du château, des habitants du village, ne sau-
« rait s'exprimer. Chacun voulait venir prier
« auprès de ces chères dépouilles mortelles ;
« ses petites chanteuses surtout, qu'Émilie ap-
« pelait *ses enfants*, témoignèrent la plus vive
« douleur en apprenant la mort de leur bien-
« faitrice. Vêtues de blanc, elles l'accompa-
« gnèrent jusqu'à sa dernière demeure. On eût
« dit à leurs larmes et à leurs sanglots, qu'elles
« pleuraient la plus tendre des mères. Non-seu-
« lement à Billancourt, mais dans tous les envi-
« rons, le deuil fut général, les regrets univer-
« sels, car Émilie s'était fait aimer de tous par
« sa bonté, par sa simplicité, par sa générosité.
« Je n'essaierai pas de dépeindre la douleur de
« M. le comte, et je ne parlerai pas de ma
« douleur. M. le comte eut le courage de res-
« ter auprès de son épouse bien-aimée jusqu'à
« son dernier soupir et il eut la consolation de
« lui fermer les yeux. »

Les paroles que l'on pourrait appeler prophé-
tiques de M. le comte de Caix s'étaient réalisées.
Un an auparavant, il disait à madame de Bec-

quincourt, lors de l'installation de la chapelle :
« Je vous enlève votre fille, je vous laisse le
bon Dieu ! » C'était vrai ; désormais la pauvre
mère cherchera près de Dieu la consolation que
Lui seul peut donner à son cœur brisé par la
perte d'une enfant tendrement aimée.

Émilie pendant sa maladie n'oublia pas ses
petits frères ; elle parlait souvent d'eux ; elle
n'eut pas la consolation de les voir à ses derniers moments ; par prudence on les avait éloi-
gnés de Billancourt.

Je ne puis passer sous silence un dernier
trait qui témoigne de l'esprit de foi, de l'héroïque résignation à la volonté de Dieu et du
profond amour de M. le comte Gabriel de Caix
de Saint-Aymour pour son épouse bien-aimée.
Lorsque la dépouille mortelle de madame la
comtesse fut descendue dans le caveau de famille, M. le comte voulut l'accompagner jusqu'à
sa dernière demeure et lui dire un dernier adieu
qui fut en même temps un grand acte de foi. Il
descendit donc lui-même dans le caveau, et là,
à genoux, en présence du cercueil qui renfer-
mait les restes inanimés de son épouse confiée
à la terre jusqu'à la résurrection des corps, il
récita à haute voix les prières de prédilection

7

de madame la comtesse ; d'abord, le *Te Deum,*
le *Gloria,* puis le *Magnificat,* le *Salve Regina* et
l'*Ave maris stella.*

Il termina son ardente prière par ces mots :
« *Fiat voluntas tua, Domine !* » C'est le cri du
cœur brisé, c'est vrai ; mais, c'est le cri du cœur
plein de foi, plein d'espérance, plein d'amour
et plein de résignation. Ce dernier cri du cœur,
cet acte de résignation héroïque avait sa place
marquée sur le monument funèbre. Il fut gravé
sur la Croix de marbre blanc à l'ombre de laquelle repose en paix Louise–Émilie de Becquincourt, très-noble dame comtesse Gabriel
de Caix de Saint-Aymour, décédée à l'âge de
21 ans, après quinze mois de l'union la plus
heureuse.

Madame la comtesse s'était endormie dans le
Seigneur. Ce jour–là, M. le comte Gabriel de
Caix de Saint-Aymour écrivit au Souverain Pontife pour faire part à Sa Sainteté de son immense
douleur. Le Vicaire de Jésus-Christ, qui avait
daigné bénir de tout cœur, quelques heures
avant sa mort, celle qui avait passé en faisant
le bien, répondit à son camérier secret par ces
mots écrits et signés de sa main : « *Deus te benedicat et protegat !* » Pie IX demandait à Dieu

pour son très-fidèle et désolé serviteur le courage et la résignation.

Parmi les nombreuses lettres de condoléance reçues par M. le comte et qu'il a bien voulu me communiquer, je citerai la lettre écrite par Sa Grandeur Monseigneur l'Évêque d'Amiens.

ÉVÊCHÉ
D'AMIENS.   Amiens, le 14 août 1876.

MONSIEUR LE COMTE,

« L'Écriture sainte dit quelque part qu'il y
« a des âmes « dont le monde n'est pas digne ».
« Est-ce pour cela que Dieu vous a enlevé si
« tôt la joie de posséder celle qui vous était si
« bonne et qui semblait devoir charmer votre
« vie?

« Je me le demande et je suis presque effrayé
« du vide que va vous laisser son départ. Heu-
« reusement vous n'êtes pas un chrétien ordi-
« naire et je connais depuis longtemps la forte
« piété de madame de Becquincourt. Tous deux
« vous savez comme moi que Dieu n'éprouve

« que par miséricorde. Le sacrifice est bien
« douloureux ! La chère défunte était si excel-
« lente, si douce, si pleine de prévenances. Elle
« aurait été si heureuse de faire le bonheur de
« sa mère et le vôtre ! — Mais le Père qui est
« au ciel sait mieux que nous ce qui nous est
« meilleur. Celle dont je bénissais les espérances
« il y a quinze mois, sa main dans la vôtre, était
« mûre pour le ciel. Il le lui donne. Il le faut
« bénir malgré nos larmes et je sais que comme
« Job vous l'avez fait déjà.

« Vous mettrez l'espérance dans vos justes
« regrets, monsieur le comte, vous vous rap-
« pellerez et madame de Becquincourt avec vous
« que celle qui s'en est allé, n'est pas à jamais
« perdue pour vous, que vous la reverrez,
« qu'elle vous attend, qu'elle vous aime, mieux
« encore, et qu'elle vous obtiendra les consola-
« tions dont vous devez avoir tant besoin.

« Soyez, je vous prie, mon interprète auprès
« de la mère désolée, et dites qu'elle sera après-
« demain dans mon *memento,* avec vous, alors
« que je dirai la sainte messe pour sa chère
« enfant.

« Je vous envoie, avec ma meilleure béné-
« diction, pour tous ceux qu'elle laisse dans la

« douleur, la nouvelle expression de mes plus
« dévoués sentiments

en N.-S.

† Louis, Év. d'A.

Je lis dans une autre lettre :

« Monsieur le comte, le sacrifice est con-
« sommé ! Madame la comtesse a rendu son
« âme angélique à son Créateur. Vous avez
« perdu un ange sur la terre, mais vous avez
« un ange protecteur au Ciel. Notre chère
« Émilie était une âme d'élite, une âme forte
« comme il y en a peu. Elle a tant aimé Notre-
« Seigneur et elle a tant souffert pour Notre-
« Seigneur ! Que sa couronne est belle au Ciel !
« Mais sur la terre que de larmes ; laissez-les
« couler et offrez-les souvent à Celui qui vous
« a présenté le Calice de sa Passion. Vous êtes
« sur le Calvaire, embrassons ensemble la
« Croix et prononçons notre *Fiat.* »

. . . .

« Ce ne sont point des paroles que je vous
« apporte, » écrivait aussi à M. le comte une
« femme pleine de cœur et d'esprit, « aucune
« n'atteindrait votre immense, votre trop juste
« douleur ; c'est tout mon cœur avec mes

« larmes. Quelle épreuve, mon Dieu ! et quelle
« perte ! quelle vie brisée ! J'espère que Dieu
« vous fait voir dans le Ciel, près de Lui, cette
« chère et charmante jeune femme, si douce,
« si bonne, si pieuse, si parfaite ! Son amour
« pour vous ne l'a point quittée. Elle vous le
« fera sentir par des souvenirs ineffables et des
« mots que la terre ne connaît pas. Je ne prie
« point pour elle. Je la prie pour vous, pour
« nous tous. Je la prie aussi pour moi dont
« elle appréciait l'affection qu'elle m'a rendue
« la dernière fois que je l'ai vue, dans un em-
« brassement que je n'oublierai jamais. C'était
« un ange et sa mère est une sainte. Je mets
« devant elle ma profonde sympathie, mes
« profonds regrets et ma vénération.   .   .   .
«   .   .   .   .   »

Dans toutes ces lettres, en un mot, nous re-
trouvons les mêmes sentiments de douloureuse
affection pour : « cette jeune âme qui n'était
« pas faite pour ce monde, cette candide et
« pure enfant, cette tendre fleur toute parfu-
« mée de vertus, appelée de Dieu pour orner
« son Paradis.   .   .   .   .   »
Une pensée de foi et de profonde vénération
pour la personne auguste du Vicaire de Jésus-

Christ inspira une résolution digne des grands
cœurs qui pleurent madame la comtesse Gabriel de Caix de Saint-Aymour. Tous les joyaux,
toutes les pierreries, tous les ornements de
grand prix de madame la comtesse furent réu-
nis avec soin. On voulut les offrir à l'Église par
l'intermédiaire de Pie IX. On fit donc exécuter
une chapelle composée d'un calice, d'un ciboire, d'une paire de burettes avec leur plateau
et de plus, d'un ornement en velours noir brodé
or, destinés à la personne du Souverain Pontife.

L'Osservatore Romano, *l'Univers* et d'autres
journaux étrangers et français nous ont dit
la magnificence toute royale de ce présent.

« Le 7 février 1876, le Vatican fut témoin
« d'un acte de générosité et de piété qui pren-
« dra place certainement dans les annales du
« Pontificat de Pie IX, et aussi dans les annales
« de la famille de monsieur le comte Gabriel
« de Caix de Saint-Aymour. »

« Ce gentilhomme français a apporté au Pape
« un service complet d'autel ou *chapelle*,
« d'une richesse inouïe. Dans ce service d'or
« massif, il a fait enchâsser avec une profusion
« plus que royale, j'oserais dire chrétienne et

« française, des diamants, des rubis, des perles;
« des émeraudes, des topazes, des opales, des
« améthystes et que sais-je encore? tout ce qui
« constituait les parures de sa jeune femme,
« morte après quinze mois de mariage. »

« Le comte de Caix de Saint-Aymour est in-
« consolable, dit-on ; mais quel trait ! Et ne
« semble-t-il pas que le génie de la douleur se
« réfugie au lieu seul où il peut éprouver
« quelque rafraîchissement ? »

« Le comte de Caix de Saint-Aymour donne
« ce service au *Pape*, en d'autres termes à la
« Papauté ; il veut que son présent soit public
« et à l'usage des solennités pontificales ; une
« inscription exprime ce vœu sous le piédestal
« des vases sacrés : »

Pio IX Pont. Opt Max.
Gabriel de Caix de Saint-Aymour comes
S. S. ab intimo cubiculo
In usum Apost. Sacrarii
Desideratissimæ uxoris suæ
Aloisiæ Æmiliæ
Mnemosynon.

Ce magnifique présent était accompagné de l'adresse suivante :

TRÈS-SAINT PÈRE,

« Daigne Votre Sainteté me permettre de « venir déposer très-respectueusement à ses « pieds, à l'occasion de son prochain et glo- « rieux Jubilé Épiscopal, la nouvelle expres- « sion de mon inaltérable et profond dévoue- « ment. »

« Humblement prosterné aux pieds de Votre « Sainteté, j'ose supplier le Vicaire de Jésus- « Christ d'agréer pour la Sainte Église Catho- « lique Apostolique et Romaine cet ornement de « deuil et ces vases sacrés pour qu'ils soient « toujours conservés. *In usum Apostolici Sacra-* « *rii.* Daigne Votre Sainteté considérer ces pré- « sents comme un hommage perpétuel que « mon cœur, à jamais brisé par la douleur, se « plait à rendre à la mémoire d'une épouse « bien-aimée !... *desideratissimae uxoris Aloi-* « *siæ Æmiliæ Mnemosynon !...* »

« Dieu s'est plu à me frapper dans mes af- « fections les plus chères ; à rappeler à Lui

7.

« celle que Votre Sainteté avait daigné bé-
« nir ! »

« Ayez pitié de moi, Très-Saint Père, le
« chagrin m'accable : néanmoins, que la très-
« sainte volonté de Dieu se fasse et non la
« mienne. Je veux vivre pour suivre mon Jé-
« sus avec son Vicaire, jusqu'à la mort, afin de
« pouvoir dire comme Lui et avec Vous, Très-
« Saint Père : « Tout est consommé ! Tout est
« accompli ! J'ai fait tout ce que Dieu deman-
« dait de moi ! *Fiat !* »

« Semblable au frêle roseau représenté sur
« cet ornement de deuil, je plie chaque
« jour sous la volonté divine : je ne rom-
« prai pas sous les cruelles épines de la
« douleur, parce que Dieu est avec moi.
« Souffrir, c'est prier ; et je prierai tou-
« jours, en essuyant mes larmes, pour
« l'allégement des souffrances du Souverain
« Pontife et Roi. »

« La sainte Église nous donne l'espérance !
« Elle est ici représentée sur ce calice ; au-
« dessus de cette croix, souvenir de première
« communion. J'ai placé, Très-Saint Père,
« l'espérance au-dessus de la croix, en pensant
« à la charité de Pie IX pour ceux qui sont

« dans la peine ; et parce que j'ai le bonheur
« d'avoir la foi qui seule aujourd'hui me sou-
« tient et parce que je crois. *Credo !* »

« La papauté, forte par elle-même parce
« qu'elle a le droit divin, s'est toujours ap-
« puyée sur la Prudence et la Justice, unies à
« la Vérité. Ces divers emblèmes figurent sur
« le Saint Ciboire, dominé par une petite croix ;
« premier bijou d'enfance, premier présent
« d'une pieuse et tendre mère ! »

« Je m'arrête, Très-Saint Père, dans la des-
« cription de cette chapelle, expression maté-
« rielle de mes sentiments pour la cause sacrée
« de la sainte Église. Votre Sainteté connait le
« fonds de ma pensée ; Elle comprend ce que
« mon cœur renferme. »

« En suppliant Votre Sainteté de daigner
« m'accorder la bénédiction apostolique pour
« moi, pour ma belle-mère, pour ma mère, et
« tous les membres de la famille ; soumis à la
« très-sainte volonté de Dieu, je consens à
« souffrir pour sa plus grande gloire ; et je le
« prie de me donner la force et le courage,
« dont j'ai tant besoin, afin de porter ma croix
« jusqu'au dernier soupir. »

Pie IX répondit à son camérier secret dans
les termes les plus tendres, les mieux faits
pour embaumer la plaie cruelle de son cœur.

Die 7 féb. 1877.

Deus vos benedicat et det virtutem et gra-
tiam ut cum profectu dicatis semper : *Fiat
voluntas tua.*

Pius P.-P. IX.

Quelques jours après, le Saint-Père envoyait
à M. le comte Gabriel de Caix de Saint-Aymour
les insignes de l'ordre pontifical du Christ.
M. de Caix, qui entend faire toute chose sérieusement, chrétiennement, se disposa à recevoir
cet ordre illustre dans les conditions de foi et
de piété des anciens chevaliers.

Le vendredi 2 mars, conformément au Bref
Apostolique, en date du 16 février, S. E. Mgr
le cardinal Borromeo, archiprêtre de la pa-
triarcale basilique Vaticane, officia à la cérémonie solennelle de l'Investiture, et reçut
entre les mains, sur les Saints Évangiles, la

prestation de serment du nouveau *Soldat de Jésus-Christ.*

« Moi, Gabriel, Comte de Caix de Saint-
« Aymour, camérier secret de cape et d'épée
« de Notre Très-Saint Père le Pape Pie IX et
« soldat de la religion de Jésus-Christ, je crois
« et professe tous les articles contenus dans le
« symbole de la Foi d'après l'enseignement de
« la Sainte Église Romaine, à savoir : Je crois
« en un seul Dieu, Père tout-puissant, Créa-
« teur du ciel et de la terre, des choses visibles
« et invisibles : et en un seul Seigneur Jésus-
« Christ, Fils unique de Dieu, né du Père
« avant tous les siècles ; Dieu de Dieu, lu-
« mière de lumière, vrai Dieu du vrai Dieu,
« qui n'a pas été fait, mais engendré, consub-
« stantiel au Père ; par qui tout a été fait ; qui
« est descendu des cieux pour nous autres
« hommes, et pour notre salut ; qui s'est
« incarné, en prenant un corps dans le sein
« de la Vierge Marie par la vertu du Saint-
« Esprit, et s'est fait homme ; qui, pour nous
« aussi, a été crucifié, a souffert sous Ponce
« Pilate et a été enseveli, qui est ressuscité le
« troisième jour, selon les Écritures ; est
« monté au ciel et est assis à la droite du

« Père ; qui viendra de nouveau dans sa gloire,
« juger les vivants et les morts, et dont le
« règne n'aura point de fin. Je crois au Saint-
« Esprit qui est aussi Seigneur et qui donne
« la vie ; qui procède du Père et du Fils ; qui
« est adoré et glorifié conjointement avec le
« Père et le Fils ; qui a parlé par les Prophètes.
« Je crois l'Église qui est Une, Sainte, Catho-
« lique et Apostolique. Je confesse un baptême
« pour la rémission des péchés. J'attends la
« résurrection des morts et la vie du siècle à
« venir. Ainsi soit-il. J'admets et reçois de la
« manière la plus absolue les traditions Apos-
« toliques et Ecclésiastiques et tous les pré-
« ceptes de la sainte Église Romaine. »

« J'admets la Sainte-Écriture selon l'inter-
« prétation de notre Mère la sainte Église qui
« a seule le pouvoir de l'interpréter et selon
« le consentement unanime des Pères.

« Je professe qu'il y a sept Sacrements de la
« nouvelle loi, institués par Notre-Seigneur
« Jésus-Christ pour le salut des hommes, bien
« que tous ces sacrements ne soient pas utiles
« à chaque homme en particulier, à savoir : le
« Baptême, la Confirmation, l'Eucharistie, la
« Pénitence, l'Extrême-Onction, l'Ordre et le

« Mariage; et qu'ils confèrent la grâce, et que
« trois, le Baptême, la Confirmation et l'Ordre
« ne peuvent être réitérés sans sacrilége. J'ad-
« mets sans exception les rites reçus et approu-
« vés par l'Église catholique dans l'adminis-
« tration solennelle de ces sept sacrements.
« J'adhère de tous points à tout ce que le saint
« Concile de Trente a défini et déclaré sur le
« péché originel et sur la justification.

« Je professe et reconnais également qu'à la
« sainte messe on offre à Dieu un sacrifice vé-
« ritable et propitiatoire pour les vivants et
« pour les morts et que dans le très-saint sa-
« crement de l'Eucharistie on reçoit véritable-
« ment, réellement et substantiellement le
« corps, le sang, l'âme et la divinité de Notre-
« Seigneur Jésus-Christ; et que la substance
« du pain se change en son corps et la subs-
« tance du vin en son sang, changement que
« l'Église catholique appelle Transubstantia-
« tion. »

« Je crois aussi que Jésus-Christ est tout
« entier dans ce sacrement sous une seule
« espèce. Je crois qu'il existe un Purgatoire et
« que nous pouvons soulager par nos prières
« les âmes des Fidèles qui y sont détenues. Je

« crois que les saints qui sont au Ciel avec Jésus-
« Christ doivent être révérés, invoqués, qu'ils
« adressent à Dieu des prières pour nous et
« que nous devons vénérer leurs reliques. Je
« crois fermement que nous devons honorer et
« vénérer les images du Christ, de la sainte
« Vierge et des Saints. Je suis persuadé que l'É-
« glise a reçu de Jésus-Christ le pouvoir d'ac-
« corder des Indulgences et que l'usage en est
« très-salutaire aux fidèles. Je reconnais que
« l'Église Sainte, Catholique, Apostolique et
« Romaine, est la Mère et la Maîtresse de toutes
« les Églises. Je promets et jure obéissance au
« Pontife romain, successeur du bienheureux
« Pierre, prince des apôtres et au Vicaire de
« Jésus-Christ. »

« J'adhère entièrement à tout ce qui a été
« défini et déclaré par les saints Canons, par
« les Conciles Œcuméniques, surtout par le
« saint concile de Trente, par celui du Vatican,
« notamment en ce qui concerne la Primauté
« du Souverain Pontife et son Magistère Infail-
« lible. Tout ce que l'Église condamne, rejette
« et anathématise, je le condamne, le rejette
« et l'anathématise également. J'embrasse et
« confesse entièrement cette Foi Catholique

« hors de laquelle il n'y a pas de salut. Je veux
« la garder telle qu'elle est, jusqu'à mon der-
« nier soupir, avec la grâce de Dieu, et la ferai
« connaître autant qu'il sera en moi, à tous
« ceux dont je suis chargé. Moi, Gabriel, Comte
« de Caix de Saint-Aymour, camérier secret
« de cape et d'épée de Notre Très-Saint Père le
« Pape Pie IX et soldat de la religion de Jésus-
« Christ, je le promets, j'en fais vœu, je le
« jure.

« Je promets également et fais vœu au Dieu
« tout-puissant, à la bienheureuse Marie tou-
« jours Vierge, au bienheureux Benoît et à
« tous les Saints avec la grâce de Dieu, d'obéir
« ponctuellement à tout Supérieur qui me sera
« donné par Dieu et par la sacrée religion de
« Jésus-Christ ; et d'observer désormais la
« chasteté conjugale. Que Dieu et son saint
« Évangile me viennent en aide. »

Lorsque M. le comte de Caix eut prononcé
cette magnifique profession de Foi, S. E. Mgr le
cardinal Borroméo le revêtit des insignes de
l'Ordre illustre et pontifical du Christ, en pro-
nonçant ces mots :

« Recevez le joug du Seigneur ; il est doux
« et léger, et sous lui vous trouverez le repos

« de votre âme. Nous vous ordonnons de por
« ter constamment ces insignes sur votre vête-
« ment. Au nom du Père, et du Fils, et du
« Saint-Esprit. Ainsi soit-il. »

Puisse le simple récit de cette vie si édifiante, faire revivre, pour la gloire du divin Cœur de Jésus et du Cœur immaculé de Marie, les précieux exemples d'édification qu'Émilie de Becquincourt, Comtesse Gabriel de Caix de Saint-Aymour, a légués comme un pieux héritage à sa famille, et en étendre au loin la douce et salutaire influence.

† 13 août 1877.

TABLE DES MATIÈRES.

473. — Abbeville, typ. et stér. Gustave Retaux.

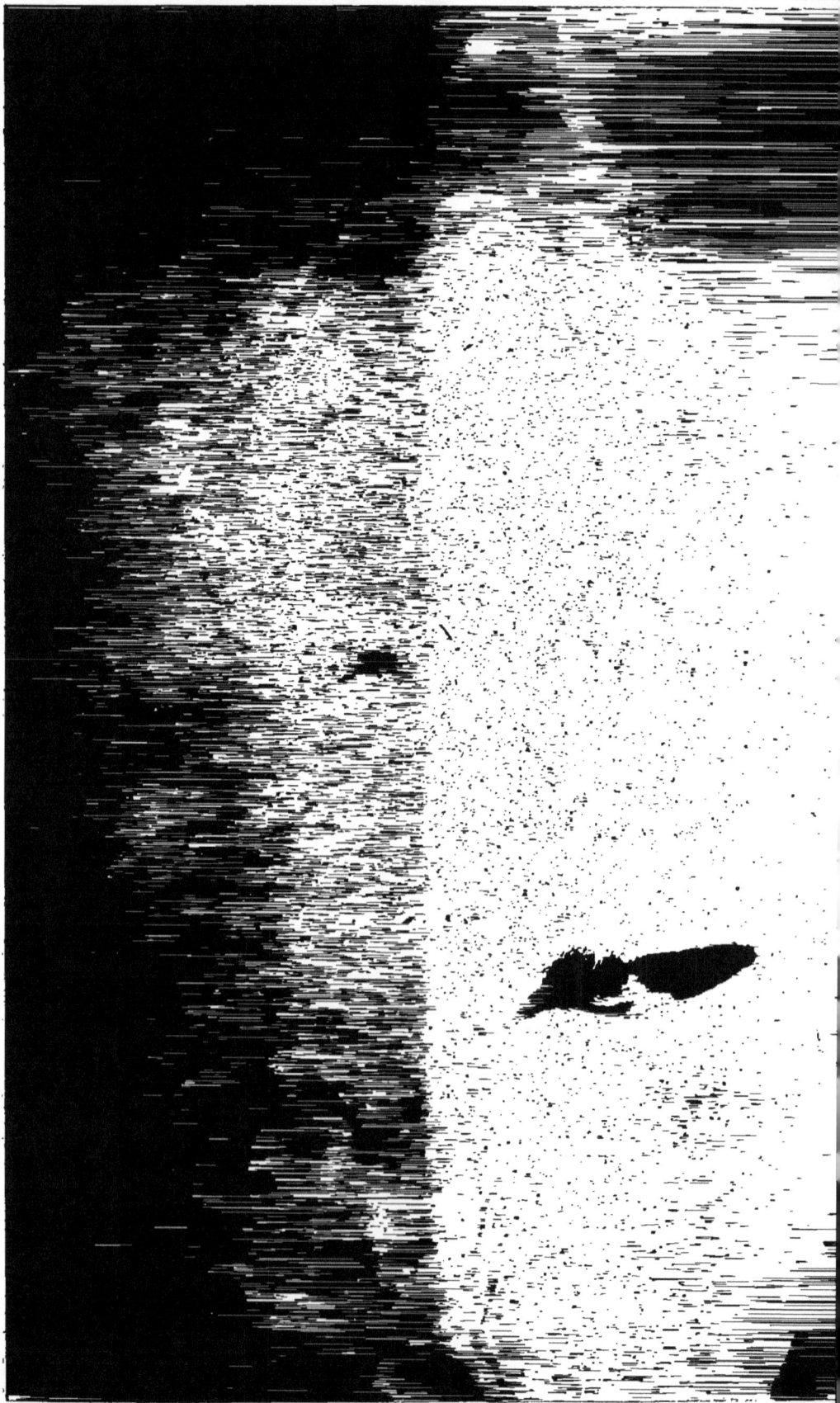

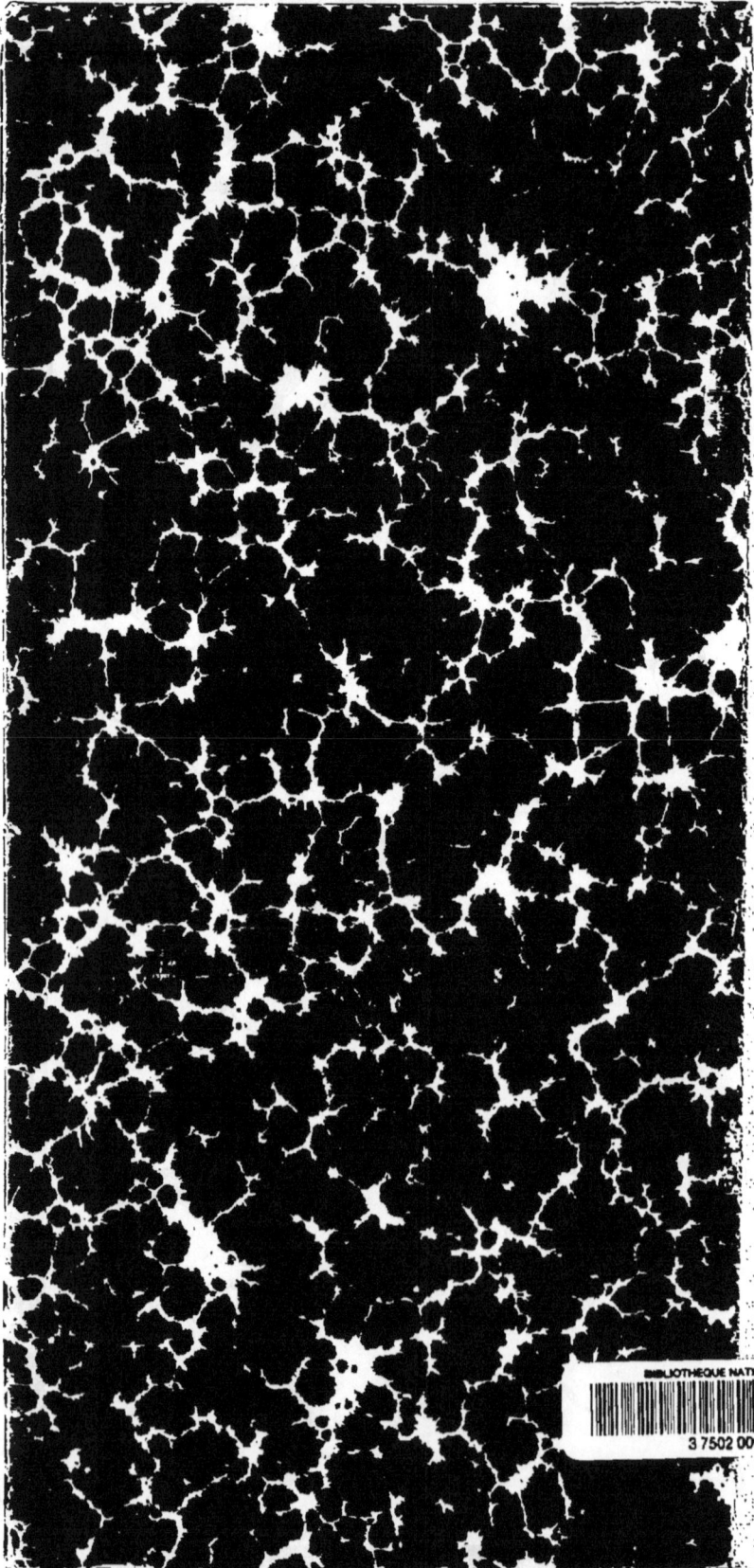

www.ingramcontent.com/pod-product-compliance
Lightning Source LLC
Chambersburg PA
CBHW072042090426
42733CB00032B/2064